中国传统金融机构向近代银行演化的制度分析

颜冬梅⊙著

ZHONGGUO CHUANTONG JINRONG JIGOU
XIANG JINDAI YINHANG YANHUA DE
ZHIDU FENXI

知识产权出版社

全国百佳图书出版单位

—北京—

图书在版编目（CIP）数据

中国传统金融机构向近代银行演化的制度分析 / 颜冬梅著 .—北京：知识产权出版社，2020.8

ISBN 978-7-5130-7045-4

Ⅰ．①中… Ⅱ．①颜… Ⅲ．①金融机构—经济史—研究—中国—近代 Ⅳ．① F832.95

中国版本图书馆 CIP 数据核字（2020）第 120030 号

内容提要

本书从近代产业兴起对金融需求变迁的视角，对以山西票号为代表的中国传统金融机构历史演变过程进行考察，探究传统金融机构在社会转型下的衰落过程。对于这一问题的研究主要基于两大目的：一是从动态角度考察中国金融机构的变迁过程，更好地理解中国金融机构变迁的内在规律；二是在第四次工业革命对我国金融机构深度挑战的背景下，为我国金融业发展提供理论支持和经验借鉴。

本书适用于金融专业高年级本科生、研究生及 MBA 学生学习使用，也可作为金融领域的研究人员和相关学术研究者的参考用书。

责任编辑：李　娟　　　　　　　责任印制：孙婷婷

中国传统金融机构向近代银行演化的制度分析
ZHONGGUO CHUANTONG JINRONG JIGOU XIANG JINDAI YINHANG YANHUA DE ZHIDU FENXI

颜冬梅　著

出版发行：知识产权出版社 有限责任公司		网　　址：http：//www.ipph.cn	
电　　话：010-82004826		http：//www.laichushu.com	
社　　址：北京市海淀区气象路 50 号院		邮　　编：100081	
责编电话：010-82000860 转 8363		责编邮箱：laichushu@cnipr.com	
发行电话：010-82000860 转 8101		发行传真：010-82000893	
印　　刷：北京中献拓方科技发展有限公司		经　　销：各大网上书店、新华书店及相关专业书店	
开　　本：787mm×1092mm　1/16		印　　张：13.75	
版　　次：2020 年 8 月第 1 版		印　　次：2020 年 8 月第 1 次印刷	
字　　数：200 千字		定　　价：68.00 元	

ISBN 978-7-5130-7045-4

前　言

　　本书从近代产业兴起对金融需求变迁的视角，对以山西票号为代表的中国传统金融机构历史演变过程进行考察，探究传统金融机构在社会转型下的衰落过程。对于这一问题的研究主要基于两大目的：一是从动态角度考察中国金融机构的变迁过程，更容易理解中国金融机构变迁的内在规律；二是在第四次工业革命对我国金融机构深度挑战的背景下，为我国银行业发展提供理论支持和经验借鉴。本书主要分为七部分，就近代产业兴起后对山西票号的深刻影响和冲击展开研究，除首尾两章分别介绍研究背景、研究范围、研究意义、学术回顾、研究方法及创新点、研究结论之外，其余五部分则从如下方面展开论述：首先，从金融史的角度梳理了山西票号发展的四个阶段，分析对比了票号发展前期和后期的业务绩效。其次，考察了近代工业发展的初始时期（1862—1894）和甲午战争后中国近代工业初步发展时期（1895—1911）工商业发展对金融需求的变革以及在此背景下传统金融机构的适应与调整。再次，考察了近代产业兴起后，清政府制定的倾向于鼓励工商业发展的政策对中国传统金融业发展带来的影响和冲击。分别从中国近代财政制度转型、近代银行设立及近代银行立法等政府政策层面分析政府干预对传统金融业近代化转型的影响。最后，分析制约山西票号向近代银行演化失败的内部因素：产权界定不清晰、资本来源仍是合伙制的延伸、交易费用日益增加、形成"路径依赖"、固守无限责任旧制等。尤其是在近代工业规模不断扩大的时代背景下，山西票号固守流通领域的高额利润，未能投资近代工业向纵深发展，导致金融资本与产业断档，丧失了可持续发展的后劲，直至全行业的整体衰亡。通过以上研究可得出以下结论：第一，甲午战争后民族资本主义工商业发展中对资金的内生需求是传统金融机构向近代银行演化的重要初始条件。随着产业规模的不断扩大，传统金融机构不能为产业的发展提供强有力的支撑是导致其衰亡的重要原因。第二，政府制定的一系列扶持和奖励近代实业发展的政策，致使市场对以传统商业为依附的传统金融业需求日益萎缩，对传统金融业的变革和发展带来了极大的影响和冲击。第三，山西票号的衰亡过程，充分显示了票号从垄断金融地位向与银行竞争过程中不能与经济发展保持动态协调的内在脆弱性。此外，近代中国社会二元制经济结构，使得商人对票号等传统金融机构的发展心存幻想，从而错过了合组近代银行的最佳历史机遇。

目　录

第一章 导 论

本章是导论部分：一方面阐述了本书的研究背景、研究意义及对研究范围进行界定；另一方面回顾了本书的学术研究现状，并对研究内容、研究方法和创新点做出简要概括。

1.1 研究背景、意义及研究范围的界定

1.1.1 研究背景

金融是货币与信用的融合，是社会经济运行的枢纽和杠杆，是商品货币经济的产物，在促进商品交换与市场经济发展中的地位和作用不容小觑。其中，尤以金融组织的转型和金融制度的嬗迁备受关注。诺思提出长期的经济

增长主要取决于有效率的经济组织和制度安排，其余技术革新、资本积累、规模经济等因素乃是增长本身。❶ 吴承明也指出，一种新的经济因素，只有引发适合于它的制度上的变革，才能持续发展，体制上的变革可以促进经济的革命性转变。❷ 因此，金融改革的核心在于制度的变革，而传统金融机构的近代化转型问题实质上也是中国近代金融体系和制度规则逐步确立的过程。

传统的中国社会"百业以农为首"，农民、小生产者是社会生产的基础，他们不但生产自己所需要的农产品，而且生产自己所需要的大部分手工业品。正如马克思所言，在中国前近代社会，"小农业和家庭工业的统一形成了生产方式的广阔基础"❸。在这种自给自足的经济结构之下，生产的直接目的就是消费，正如方行所指出的："中国传统经济发展的推动器是地主的消费需求，而不是生产需求。"❹ 因此，作为依附于农业和手工业的中国传统金融业能够在中国经济近代化尚未开启，传统手工业比较薄弱，近现代工业尚未产生的相当长时间内满足市场对金融的需求。

鸦片战争之后，中国开始了近代化的历程。近代化是人类社会从传统的农业社会向现代工商业社会转变的必经阶段，是以工业化为中心，以机器生产取代手工劳动、机器工厂取代家庭作坊和手工工场为主要标志，并引起经济制度、政治制度、生活方式乃至思维方式全方位变化的一场社会变革。在一个国家的经济近代化进程中，金融业的作用是十分重要的。尤其对于近代中国而言，一方面是资金的严重匮乏，另一方面又缺乏将有限的国民储蓄转

❶ 道格拉斯·C.诺思，罗伯特·P.托马斯.西方世界的兴起[M].北京：华夏出版社，2009：5-7.

❷ 吴承明.中国现代化：市场与社会[M].北京：生活·读书·新知三联书店，2001：14-15.

❸ 马克思，恩格斯.马克思恩格斯全集：第25卷[M].北京：人民出版社，1974：373.

❹ 方行.中国封建赋税与商品经济[J].中国社会经济史研究，2002（1）：52.

化为投资的积累机制，因此，近代金融业的顺利发展是实现经济近代化的关键所在。而"金融近代化的进程也就是新式金融业不断发展、竞争并冲击、破坏传统金融业的过程，是一个'创造性破坏'的过程"❶。中国金融近代化发展与金融机构的变迁也主要体现在银行体系的形成、完善及对票号、钱庄等金融组织的替代上。这种转变过程是在近代产业有了一定程度的发展之后，为了适应工商业发展的需求而开始的。

19世纪60年代后，洋务派官员日渐意识到机器工业的重要性，认为要富国强兵必须学习西方之先进技术组建新式产业，创办了第一批政府兴办的军事工业企业，又以官督商办、官商合办的形式创办了一批民用工业企业。甲午战争前后，近代民族资本企业全面发展和繁荣。"毫无疑问，资本的积累是工业发展的必要条件"❷，按照传统理论，一国资本积累主要来源于国内的储蓄。只要能动员国内足够的储蓄，一个国家的工业化发展就能顺利起步并良性发展。西方发达国家的成功经验也表明：在一个国家实现工业化的历史进程中，必须通过本国完善的金融体系为其筹集社会资金，通过放款、贴现、投资等形式扶持现代产业的发展。如19世纪30年代，德国工业化发展过程中的资金来源就是主要通过银行融资和设立股份制公司的方式进行的。同时期法国的工业化发展也是借助于银行融资来实现的。除此之外，法国还以金融创新的方式聚集资金发展工商业。再如日本在近代工业发展过程中非常重要的一项举措——明治维新运动中也是主要通过国内实力较强的金融业为其提供资金来源。

❶ 孙建华．近代中国金融发展与制度变迁（1840—1945）[M]．北京：中国财政经济出版社，2008：673.
❷ 速水佑次郎．发展经济学——从贫困到富裕[M]．李周，译．北京：社会科学文献出版社，2003：117.

在整个近代时期，至少在 20 世纪 30 年代之前，作为中国传统金融业经营主体的山西票号和上海钱庄始终都是举足轻重的金融力量。作为中国银行业雏形的山西票号是商业发展的产物，主要为贸易发展提供金融服务。票号在其产生和发展的过程中，除了经营存款、放款、汇兑、票据贴现等银行业务外，还兼营原有的商业。这就决定了票号业务的专业化程度较低，资金规模都较小，借款利率较高，而且主要是服务于商业流通，较少用于生产性资金的周转，服务于产业的功能非常有限。钱庄产生于明代中后期，发展的初期主要经营钱币兑换。虽然钱庄业在第二次鸦片战争前后抓住了中外贸易迅速扩大、口岸金融机构业务急剧发展的历史性机遇，从单纯货币兑换扩大到存放款、签发庄票和汇票、贴现、汇划等近代意义的业务，但由于资金实力、业务范围、组织结构等因素的限制，钱庄活动具有很强的地域特征，不能覆盖全国。在经济发展内生金融市场扩大的推动下，民国前期的钱庄业得到了喘息，继续缓慢发展，直至在南京国民政府的政策歧视下，钱庄业从 1927 年开始急剧地衰落。由此可见，传统金融机构在其存在和发展的相当长时期内都与商业发展内生货币需求有关。随着近代产业的兴起，工商业发展融资需求日益迫切，金融业内部分工逐渐深化，传统金融业在资本构成、业务方式、内部治理、经营理念等方面难以适应不断创新发展的金融市场竞争的需要。尽管票号和钱庄都曾有扶持近代民族工业发展的实践，进行了近代化的调整和适应，但它们都终究难以克服诸多痼疾，致使在金融近代化过程中难以脱胎换骨，转型近代银行之路坎坷而艰难。那么制约传统金融机构向近代银行演化的因素究竟有哪些？导致票号在辛亥革命后迅速衰败，最终全面没落退出历史舞台的根本性原因究竟是什么？对于这些问题，笔者试图在新制度经济学的指导下，着重从中国经济社会内部变化进行综合分析，探究山西票号向近代银行演化失败的根源所在。

1.1.2 研究范围的界定

近代中国的传统金融机构种类较多，名称各异。在此，首先廓清本书中所研究的传统金融机构主要是指银行类金融机构，即按照银行法规的规定，凡是经营存款、放款、汇兑、票据贴现等银行类但是不以"银行"命名的金融机构，如钱庄、账局、票号等。其次，在具体研究过程中，鉴于票号在中国近代经济史和金融发展史上的重要地位以及票号发展的后期一度尝试转型近代银行的实践，因此，本书的研究主要基于山西票号的考察。但由于钱庄在近代中国金融史上的特殊作用，本书对上海钱庄也有所论及，以作为对山西票号衰亡原因研究的参照与对比。

关于中国近代银行，主要是指从鸦片战争后到清朝末年（1840—1911）出现的银行。由于中国近代银行是在外国金融资本和本国封建势力的双重压迫下艰难创立的，因此，本书将外资在华银行业的运行过程纳入分析的范围，以期作为中国近代银行成长、发展和波动的研究背景。

1.1.3 研究意义

金融业是经济发展的第一推动力和持续推动力。早在近代，金融与经济之间的关系就已经被国人所认知。梁启超通过考察甲午战争后迅速崛起的日本明治维新史后就指出，日本的经济发达得益于取法美国，鼓励民间开设银行；而美国的富强，也是发展银行公债等金融事业的结果。因此，他主张设立银行、支持公债发行以振兴经济。孙中山也曾指出："实业为富国之本，而银行尤为实业之母。"民国财政总长周学熙认为："金融机关之与实业，实大有密切之关系，必先有健全之金融，而后能有奋兴之实业。" ❶鉴于金融业与经济发展的密切关系，考察在近代产业兴起之后，以山西票号为代表的传统金融机构向近代银行演变具有一定的理论意义和现实意义。

就国内学术界的研究现状来看，关于山西票号、上海钱庄等传统金融机构的近代化转型问题研究一直是金融史的热点问题，而且已经取得了很大的进展。本书将山西票号研究置于近代产业发展的时代背景下，不仅走进票号论票号，而且跳出票号论票号，从金融与经济发展关系的层面将研究视野扩展至更加广阔的宏观领域，以进一步推动金融史研究趋向立体化和多元化。基于此，本书研究的理论价值主要体现在以下三个方面：首先，本书认为制约中国传统金融机构向近代银行演化的因素中外因大于内因；其次，在近代工业发展的进程中，政府态度由被动向主动转变，致使政府制定和实施的一系列倾向于近代工业发展的政策亦是制约山西票号向近代银行演化的重要因素；最后，票号内部发展受近代社会二元制经济结构的影响，使传统商人固守旧制，屡次错失改革的历史机遇。

当前中国银行业与近代以票号为代表的中国传统金融机构的发展有着极其相似的背景，即市场的变化、技术的革新和全球化进程的加速。第四次工业革命对我国金融机构的深度挑战不亚于第二次工业革命对以山西票号为代

---

❶　周学熙 . 周止庵先生自叙年谱 [M]. 中国香港：文海出版社，1985：31.

表的传统金融机构的冲击。对历史上金融机构演变的考察有助于我们深入地发现当代金融机构存在的问题，为我国金融机构的发展提供宝贵的历史借鉴经验。因此，从历史的角度对中国传统金融机构向近代银行演化进行研究，是十分重要和必要的。研究近代中国传统金融机构的兴衰是在总结前人成败得失的基础上总结经验和教训，这种研究不仅有助于揭示近代中国传统金融机构演变的脉络和轨迹，也能进一步为当代中国金融业发展提供改革的思路和经验，从而对当代金融机构在激烈的市场竞争中不断创新发展具有重要的现实意义。

1.2 学术回顾

中国近代金融业研究作为近代经济史研究的一个重要领域，无论是总体性研究还是对微观个别金融机构的研究，迄今为止国内外学术界已经有不少以近代金融业为研究对象的专著和论文出版或发表，成果颇丰。

1.2.1 关于传统金融机构的研究

1.2.1.1 山西票号的研究

作为中国传统金融机构的典型代表之一，学术界对山西票号研究的成果颇丰。从 20 世纪初就开始从史料挖掘和理论研究两个角度对其展开研究。最早关于票号的研究是 20 世纪 20 年代，蔚丰厚票号的资深经理李宏龄通过对信稿的收集和整理，编纂出版了《同舟忠告》和《山西票商成败记》❶，从票号管理者的视角揭示了山西票号兴衰发展的内部原因。随着研究的不断深入，一批具有代表性的著述相继出版。陈其田的《山西票庄考略》❷，详细介绍了山西票庄起源、沿革、衰落原因及过程，山西票庄的派别和组织体系、营业概况、对外关系等内容。卫聚贤的《山西票号史》❸，详细介绍了山西票号的前身及其产生原因、山西"平、祁、太"三帮票号的组成情况等。两部论著整理了关于票号的大量一手史料，从多个维度对山西票号的起源、营业概况、组织结构、兴衰过程进行了梳理、归纳和分析，阐释了山西票号在金融史的重要历史地位，为后人研究山西票号奠定了重要的史料基础。

中华人民共和国成立后，关于山西票号的研究也逐渐深入。中国人民银行山西省分行和山西财经学院从 20 世纪 60 年代开始收集整理关于山西票号的史料，经过 30 年的努力，编撰出版了大型史料著作——《山西票号史料》❹，填补了山西票号研究中史料的空白。此外黄鉴晖的《山西票号史》❺，史若民的《票商兴衰史》❻，董继斌和景占魁的《晋商与中国近代金融》❼，孔祥毅的《金融贸易史论》❽，张正明的《晋商兴衰史》❾ 和《晋商与经营文化》❿，王尚

❶ 李燧，李宏龄 . 晋游日记 [M]. 太原：山西人民出版社，2003.

❷ 陈其田 . 山西票庄考略 [M]. 北京：经济管理出版社，2008.

❸ 参见中央银行经济研究处史料，1944 年。

❹ 黄鉴晖，等 . 山西票号史料 [M]. 太原：山西经济出版社，2002.

❺ 黄鉴晖 . 山西票号史 [M]. 太原：山西经济出版社，1992.

❻ 史若民 . 票商兴衰史 [M]. 北京：中国经济出版社，1992.

❼ 董继斌，景占魁 . 晋商与中国近代金融 [M]. 太原：山西经济出版社，2002.

❽ 孔祥毅 . 金融贸易史论 [M]. 北京：中国金融出版社，1998.

❾ 张正明 . 晋商兴衰史 [M]. 太原：山西古籍出版社，1995.

❿ 张正明 . 晋商与经营文化 [M]. 北京：世界图书出版公司，1998.

义等的《明清晋商与货币金融史略》❶，李希曾主编的《晋商史料与研究》❷，穆雯英主编的《晋商史料研究》❸等，这些著作从不同的角度对票号进行了大量的研究。

随着新制度经济学的引入，关于票号研究在理论上有了新的突破。部分学者在新制度经济学的框架下进行研究，如从产权理论角度分析山西票号的顶身股制度，以委托—代理理论分析票号的东掌关系等。如刘建生所著的《晋商研究》《晋商信用制度及其变迁研究》《明清晋商制度变迁研究》❹，引入制度经济学和博弈论的观点，对晋商发展的不同阶段和晋商制度变迁进行了深入的研究。在外部制度因素方面的考察中，刘建生的《近代以来的社会变迁与晋商的衰落》一文，通过寻租理论分析中国传统社会经济之下，政府与市场的关系及产权的界定。❺除此之外，杨艳红的《文化、伦理与社会秩序：以山西票号为例》引入新制度经济学原理，强调文化与伦理在社会秩序的变迁中发挥着重要甚至决定性作用。❻

1. 山西票号衰亡原因的研究

学术界关于山西票号衰亡原因的探析，历来存在争议，主要经历了"清亡票号亡"到"内部制度因素决定论"再到"外部制度环境决定论"等从不同的研究视角逐渐深入的过程。

---

❶ 王尚义，等.明清晋商与货币金融史略 [M].太原：山西古籍出版社，1995.

❷ 李希曾.晋商史料与研究 [M].太原：山西人民出版社，1996.

❸ 穆雯英.晋商史料研究 [M].太原：山西人民出版社，2001.

❹ 刘建生，刘鹏生，燕红忠，等.明清晋商制度变迁研究 [M].太原：山西人民出版社，2005.

❺ 刘建生，燕红忠.近代以来的社会变迁与晋商的衰落 [J].山西大学学报，2003（1）：15-20.

❻ 杨艳红.文化、伦理与社会秩序：以山西票号为例 [J].世纪经济文汇，2002（1）：53-57.

范椿年在《山西票号之组织及沿革》（1935 年《中央银行月报》4 卷 1 期）中分别从以下四个方面分析了票号衰亡的原因。第一，票号劲敌，主要是外国银行、国家银行与各省银行及各埠商营小银行丛生。第二，票号失去参加国家银行之机会，主要是指光绪年间，大清户部银行成立时曾邀请票号加入股份，因票号东家墨守成规，坐失良机。第三，票号自组银行无果。第四，清政府之机关已倒，旧官僚去职，讵堪作靠。加之各省秩序紊乱，纸币毛折，各商埠之放款既多被人倒去，各官场之存款又需如约筹还，内外交困。

陈其田在其著的《山西票庄考略》一书中，认为山西票庄衰落的原因有以下几点：一是交通改革的结果。火车和火轮船通行各商埠，缩短各地的距离，商人往来方便；二是竞争机关林立。光绪末年，国家银行、户部银行、交通银行以及各省关银行相继成立；三是辛亥革命怒潮所至，全国经济均受重大打击，山西票庄损失尤甚；四是票庄人物和自身的腐败。

1944 年，卫聚贤在其所著《山西票号史》中总结了票号衰败的原因：一是货币的改良；二是汇票的缺乏；三是汇票在社会流传日少；四是存款的减少。

彭信威著写的《中国货币史》一书分析了票号的兴衰。对于票号衰败的原因，彭信威认为主要是票号的保守思想严重。主要体现在光绪二十九年（1903）袁世凯任北洋大臣的时候，曾招山西商人经办天津银号，他们不肯。光绪三十年（1904）创办户部银行时，又邀他们入股，他们也拒绝。政府终于将官款改存新式银行，票号大受影响。当时火车轮船已通行，交通方便，不但银行承做汇兑，邮局和信局也做汇兑业务，因此票号就衰落了。票业内人主张改组为银行，但为山西的总号所反对。

洪葭管在《略论山西票号、上海钱庄的性质和历史地位》（收录于《山西票号研究集》第一辑，1982 年，山西财经学院科研处）中认为，票号的营业发展主要得力于清朝政府的扶植和官吏的支持，具有浓重的封建性。对于依附于清政府权势的票号业而言，辛亥革命后清政府的覆灭必然对其是巨大的打击。受到政局影响，票号官款的汇兑、存放等业务优势荡然无存，放出的贷款不能如数收回导致票号的实力大损，最终只能是衰败一途。

1982 年，黄鉴晖《论山西票号的起源与性质》（收录于《山西票号研究集》第一辑，山西财经学院科研处）一文中认为山西票号衰败的原因有以下几点：一是在票号资本小又实行无限责任制、放款难收、存款逼提的条件下，资本家实力是决定因素；二是因为票号没有靠山的支持。黄鉴晖的《山西票号史》中再次谈到票号衰亡的原因。他认为：第一，银行间竞争使票号业务被夺，昭示着衰败的不可避免；第二，票号经营上的守旧和腐化，使倒账损失不断增加，经济实力减弱；第三，辛亥革命中清军的围剿和"北京兵变"，使票号经济上遭受严重损失，失去喘息的机会，在信用危机中一蹶不振；第四，票号无限制地扩大放款，犯了银行业经营的大忌，早就决定了遇到大的挤兑风潮必然倒闭的命运；第五，山西票号的衰亡是由于帝国主义和封建主义两座大山的压迫。

张国辉在其《晚清钱庄与票号研究》一书中说，在票号业务日臻繁盛和票号资本逐步向生产领域试探的时节，却遇到了新的金融势力的竞争。首先是来自现代银行的竞争；其次是外国在华银行的迅速发展，对中国金融业特别是票号无异于雪上加霜，最后是票号经营存放款的传统，历来强调信用而不重视抵押。

史若民在《票商兴衰史》一书中指出票号衰败的真正原因有以下几个方面：第一，帝国主义银行对票号的汇兑业务的掠夺；第二，大清银行及各省官银钱局号的设立与滥发纸币；第三，票号的资本薄弱，各帮之间及本帮之间不能团结起来，同舟共济，也加速了票号的衰落。

张正明在《晋商兴衰史》中分析票号衰败的原因时认为，首先是来自现代银行的挑战，其次是外国在华银行与中国票号争夺汇兑业务，然后是江浙财团的兴起，最后是票号改革计划的失败。

刘可为在其撰写的《从山西票号的衰亡探析企业的经营与制度创新》[1] 一文中认为票号的衰亡主要原因是以下几个方面：第一，经营业务上从主要依靠官款存汇向大量放款转变是山西票号在面对外部信用风险时倒闭的直接原因；第二，对竞争性环境反应迟钝和不适应，使山西票号丧失了竞争中求生存、求发展的机会；第三，与封建政府联系过紧，脱离了商品经济的土壤，使山西票号成了清王朝的殉葬品；第四，从制度效率上考察山西票号，可以看出企业制度是否有效率与其生命力紧密相连；第五，山西票号向现代银行过渡的失败，原因还在于制度创新时机的丧失。

山西财经大学王森在《晋商的衰亡与风险管理——基于比较历史制度方法的分析》[2] 中运用"比较历史制度分析"的方法进行了分析：第一，从金融的角度把晋商的发展历史划分为三个阶段。第二，以内生变量为核心的制度变迁情况，决定机构的经济绩效和发展走向。由于山西票号在制度上的超稳态

---

[1] 刘可为. 从山西票号的衰亡探析企业的经营与制度创新 [J]. 管理世界，1997（4）：113.

[2] 王森. 晋商的衰亡与风险管理——基于比较历史制度方法的分析 [J]. 山西财经大学学报（高等教育版），2010（4）：70.

结构和内生变量在多方面的脆弱性,天然地隐藏着走向衰亡的必然因素。第三,在强制性变迁理论看来,山西票号在外生变量发生巨变的情况下仍然墨守成规,也是其衰败的原因。第四,在比较历史制度的分析中,结论是山西票号在外部入侵和内生制度脆弱的情况下必然走向衰亡。

董继斌、景占魁的《晋商与中国近代金融》一书中阐述了票号衰败的原因:第一,票号几次错失向现代银行过渡的机遇;第二,山西票号请求北洋政府支持,毫无结果;第三,钱庄的发展与票号的停滞;第四,华资银行的兴起与票号的衰落。

2. 山西票号与近代民族工商业发展关系的研究

山西票号作为传统金融机构,在服务于传统手工业和商业的同时,是否支持近代民族工商业发展,在学术界也一直存在争议。

黄鉴晖在《山西票号史》一书中认为票号与中国民族资本主义工业关系是:作为中国的银行业,票号既是资本主义生产方式的产物,又是资本由手工业生产向机器生产过渡的一个有力杠杆,对近代工业的发展必然要产生影响。票号与近代工业的关系可以分为两层:一层是票号为近代工业服务;一层是票号资本家运用票号为资本家的积累开设工厂。

孔祥毅在其《山西票号产生的背景与高利贷性质》一文中指出票号与民族工业的关系为:票号一般很少介入近代工业,只是通过代客推销股票的方式经营股票,如川汉铁路股票、粤汉铁路股票等。而票号对近代工业直接投资、借款、透支等业务很少。在直接投资中最突出的是阳泉保晋公司。

张国辉在《晚清钱庄和票号研究》中指出,20世纪初,票号除了对钱庄进行商业放款外，也开展对近代企业发放贷款的业务。这是票号业务活动的新动向，虽然贷款数量非常有限，对近代企业所起的作用也不显著，但就票号的业务活动来说，无疑是具有积极意义的。

史若民在其《票商兴衰史》专著中认为：无论在实业救国的热潮中，还是在资产阶级发起的收回利权的运动中，票号商人都不仅仅是积极的拥护者，还是积极的直接参与者，票商已经自觉地把自己作为民族资产阶级的一员而从事资产阶级发起的每一项爱国运动。

张正明在《晋商兴衰史》中论及票号的业务范围及内容时说，到19世纪80年代后期，山西票号除了对钱庄进行商业放款外，也开始了对近代"工交"业发放贷款。尽管数量不大，但无疑是有积极意义的。

王明星在《晋商走向衰败若干原因分析》一文中指出，19世纪中后期，古老的中国大地上出现了第一批近代化的工矿企业，王明星对山西票号是否具备投资于近代产业的条件和实力提出了质疑，并根据票号的资力进行分析后认为，整个19世纪中后期，山西票号除为封建朝廷、权贵服务外，富商巨贾们都将大量金钱挥霍浪费了，而竟然没有一家票号投资近代企业。

刘建生在《山西近代经济史》一书论述晋商与近代工业的关系时认为，山西票号在洋务运动时期没有与中国近代工业相结合，但到了20世纪初，晋商处于交通通信条件改善而使利润缩小及投资工业丰厚利润刺激等方面的原因，以高度的热情参与了工业化运动。

3.山西票号转型问题的研究

山西票号的转型问题研究历来众说纷纭，山西票号转型近代银行几成定论，一些票号故旧及业内人士对此颇有微词，甚至连当时的社会舆论对此都寄望很高。

（1）业内人士的意见。

山西票号应转向何处，其时以李宏龄为代表的有识之士力主票号合组为近代银行。清末，李宏龄曾联络京都票号同仁，几经商议，1908 年 4 月 23 日以京都祁太平三帮票号名义和京都平帮名义，分别向祁太平三帮和平帮总号发出第一封信，同年 11 月 15 日和 1909 年 1 月 3 日又发出两封信与总号总经理们商谈票号各家共出资本，再加召集股本，合组一大银行等事宜。

信中主要介绍了票号当时的危机情状并对策。李宏龄认为："我晋向以善贾驰名中外，汇业一项尤为晋商特色。近百年来各业凋零，而晋人生计未尽绝者，独赖汇业撑拄其间。外人之素习商战，更非我所能敌……晚等焦灼万分，榜徨无措，连日会商，自非结成团体，自办银行，不足以资抵制，不足以保利权。""现在市面迥非昔比，各处银行林立，凡我同行皆受影响，甚至显与为敌。若不及早抵制，将来且恐立足无地，以后诸事为难，生意日见消减，别无善策可筹。惟有创立银行，保护自己行业，结成团体，抵制外行，最为善策。"

"近日市面与前大不相同，官商增添各银行不止一处。去年营口倒账，今年汉沪倒账，十月二十后京都市面，均岌岌可危。此等机关，明眼人看此情形，能无惴惴。若不及早防范，恐到彼时后悔无及。我票行自经庚子之变，大信昭于天下，举办银行集股甚易，此亦千载一时之机会，岂可错过。外间银行林立，暗夺我之生意，非自立银行，难以抵制。"

《山西票帮开团体会组织银行演说》❶一文记载，与会票帮一致认为："吾晋票商，自庚子京、津拳乱，损失甚巨，元气已伤。其后政府设立大清、交通各银行，各省又设官银号，而票业本有之利权，遂悉为外省所攘夺。上年民军起义，川、鄂首被兵祸。今年（1912）京、津、鲁、奉又相继兵变，各省商业遭害之大，无过于吾晋票商。现时票业之地位，欲进则无利可图，欲退则旧事不了。若不改变方针，亟图挽救之策，将来清理外事，亏累之家固必首被挤轧；即殷实之家其财力亦断不足支应。信用一失，各省债户群起为难，请查抵补在所必行。各号财东，先蒙破产之祸；即诸大执事数十年血汗经营所得，无非储存号中，亦将随号业俱去。至是，则举凡财东、执事，旬月之间，诚恐立变贫民。而各小执事之废时失业，无处谋生，更不待言。危险之象，已达极点。"

"请更言兴办银行之利。银行者，为总持商业之机关，活泼金融之枢纽，今日票业之困难，不外乎金融停滞，商力溃散之两大原因。吾晋票帮宜趁此信用未失，名誉尚在，赶紧团结全体，发起组织银行，奋其冒险精神，猛力前进，绝不可稍存退缩。苟银行成立，则举全国之财力，使之散者聚，滞者灵，操奇计赢，气象必为之一变。况借款有抵押，握操纵收放之全权。代价有纸币，寓酌盈济虚之妙用。其他营业之活动，大可为富绅巨商讴数存款，小可为贩夫苦力零行储蓄。迨本源充裕，更以多放借贷，次第推广实业、铁路、矿山，上可供国储之缓急，森林渔牧；下可应商界之取求。于国于民，实有百利而无一害。"

---

❶ 山西财经大学晋商研究院.晋商研究早期论文集（一）[M].北京：经济管理出版社，2008：251-253.

主张改银行不成退隐的张石麟认为：“君（张石麟）经营汇兑业多年，规划周密，获利蓓蕌……公且怀宝弗迷，经济用展，非但各部市尘金融流，三晋商务借以廓张……西商汇业难以久持，因劝改办银行，保守权公以为然，乃持说帖还晋，召集同业，图维持善变事宜，无如言者谆谆，听者藐藐。浸淫至今，即欲设法挽回。而大势已去光绪甲辰（三十四年）脱离汇业，赋闲里居，日以提倡垦收，振兴纺织为务……”❶

“鄙人（赵永深，字逢源，平遥城内人，现年四十八岁，曾为蔚丰厚西安分庄司账。）于清光绪三十三年十月二十日经人介绍进蔚丰厚票庄学习，宣统元年四月份派西安分庄充任司账，辛亥民军起义土匪乘机而抢，票庄之损失，同人之流离，各省皆然，相继逃回故乡，至民国成立，仍派西安办理善后账目事务，民四改组银行，总行函令多住一年协办各事，充任经理职兼办交际事。民六改派甘肃省分行副经理。民七电令赴陇东办理支行结束事，民九函委甘省分行经理职，民十停业，承甘省督省两长陆洪涛，陈二公一再维持，划分中立，另行复业。奈内部资本缺乏，总行积欠甚巨，难以进行，因之而罢，民十二蔚丰厚结束清楚，呈报总行，民十三回里。”❷ 以上揭示出蔚丰厚改蔚丰银行之经过。“候鸿仪翁次子定元字乙卿，为总经理，改组银行，经营三载尚够开支，不料辛酉年秋标，受本地钱铺，卖俄钞亏累，随后乙卿君亦谢世，从歇业也。”❸

（2）社会舆论寄望于山西票号组建银行。

随着清末的商业危机和外国侵略势力的深入，票号衰败迹象愈发明显，

---

❶ 参见中央银行经济研究处史料，1944年。

❷ 同❶：162-163.

❸ 同❶：172.

引起广泛的社会关注。部分有识之士撰文立说，探讨形势的变化、票号的危险及票号组建银行的必要性。其中尤以 1904 年、1906 年发表在《南洋官报》《北京日报》的两篇文章，最具代表性。以下就其主要观点做一综合介绍。"早立一日之新基，即早辟数年之大业。""唯中国官商久不见信于天下，只有山西人声名尚好，倘能借重办一大银行以保利权，则非特晋人从此立于不败之地，即市面亦可借此维持。倘能趁此尚有可为之时，急（及）早图之，则晋民幸甚！天下幸甚！"《北京日报》载文《山西冀宁道丁致刘小渠观察劝办银行折》❶道："盖晋省汇号之信义，具见称于各行省者，已数十年于兹矣。若就西商二十余家联一总号，轮流值年，每号提存本十分之二储于总号，今年总号擎在某家，则总号银行即设在某号，统归某号承办一切官款，均由总号汇兑一年，期满所得余利，除开销净尽外，以五成归承办之号，以五成归各号均分。次年拈口（原稿字损），再换值年，即将官款存本账交值年总号存管，是此不另开张，不另立码头，不另有人工花费，而银行基础已立，将来逐渐推行，自无不通行各省。"

社会舆论所以感到票号危机及组建银行之必要，理由如下。

第一，帝国主义财税掠夺势必导致票号业务量的减少。帝国主义各国与清政府所订商约第八条免厘加税一款规定：各省应解京饷均存海关候拨，厘金项下拨还之洋款，亦存海关拨付。从此官场生意无可做矣。免厘加税之约一行，则国用入不敷出愈甚，将来必加重抽收销场、产地及与约无背各税。土货之税愈加愈重，必致洋货畅行，土货滞销，商人势必纷纷亏折，放款纷纷倒欠，自此商家生意亦无可做矣。

<hr>

❶ 山西财经大学晋商研究院. 晋商研究早期论文集（一）[M]. 北京：经济管理出版社，2008：246.

第二，新旧赔款每年五千万两均入各国银行之手，票庄若不设法挽回利权，此后何堪设想。况银价伸缩涨跌之权，已渐操之洋商，票号近已大受其累。若中商无大银行与之为敌，则非特利权全失，甚至我国商人终年所获之利，尚不敷贴给息款之用。此银行之急宜速办也。

第三，中外银行纷设，票号利权渐被蚕食。"弟前在京师十余年，初入都时，京中巨室大家银款均存西号，嗣渐为四恒号所夺。自四恒亏折，一切生意自应复于我晋号，乃又有汇丰、道胜、正金等银行相继而起，遂终夺我西商存汇之利。汇丰之钞票尤通行于各口岸，是晋商固有基业已将为人攘夺矣。"

（3）山西票号组建银行的利益与优势所在。

第一，"盖晋商汇号之信义，其见称于各行省者，已数十年于兹矣。""他省绅富欲创银行，先须各省立码头，各属设分号，所费资本较多，且仍种种窒碍，不能得手"，"若晋商以固有之基，因利乘便，以创盛业，较他省商人，亦事半功倍。"

第二，"今我若自开银行，自行纸币，则我之路矿，均可由我自办，权不外溢，利可自操，并可以西商数十年之信实通商，扩张三晋银行势力于我全国，使他族银行顿失其利。此不独晋人之愿，又岂非我全国人之所愿哉！""现在商户两部、极欲商人建立银行，挽回权利，必多方保护之。"

第三，仿照外国银行办法，集股试办，即使不能得手，亦属有限公司，万不会使东家受紧。筹集股本多则千万、少则四五百万，仿照股票办法，每百两为股，倘若此时还不实行有限制而仍偏执于票号生意，"一旦有事，祸出不测，各码头同时败坏，大局莫支，各省官绅富商均向号东索取存款，此数年后必有之事。是开票号与东家关系甚大，办银行与东家绝无后患也。"

第四，晋省兴办实业囿于财力不济，自办银行可应要需。"刻下正太铁路未成，晋地所出煤铁，均用骡驼装运，并有脚夫伴送，沿途络绎不绝。此项骡驼脚夫，恃此为生者，为数颇众。将来正太路成，此项骡驼脚夫均无以为业。刻下自宜早为之所另，为此项人畜别筹生计，或兴工艺，或办农垦，为先事绸缪之策。""然刻下工艺、农垦并路矿各公司不能即言兴办者，缘无款也。无款则集股为难，而公司不能遍设也。""今我若自开银行，自行纸币，则我之路矿，均可由我自办。"

此外，梁启超的《梁任公莅山西票商欢迎会演说词》❶记载：票号前途存在多种危险，"最近银行团之情形论之，外国银行执吾国金融界之牛耳，则吾之生死诸君当能知之，无须赘述。夫各国无一国不有中央银行，而吾国有中央银行是否能敌外人，暂置不论。今日之外国银行实又入我堂奥，而占我中央银行之地位矣，此尤国民经济之危险。而诸君之营票号，虽有巨资，何以堪此，则尤为危险中之危险，而票号诸君所当注意者也。""以票号三百年之历史，凭借旧经验运用以新方法，虽不能于旦夕之中挽回世界狂澜，然所以裨益国民而徐为后来补救之地者不已多乎！""然今日所可断言者，环顾国中有改良中国金融业之资格者，则山西票号而已。何以言之？凡事不贵理论贵乎经验。""以云信用，苟无历史的根据，绝无自发生也。诸君既以数百年之基，而能得国民深厚之信用，今后能参以外国之良法美意，而加以扩充，乃反手间事，视学者空谈银行论著，岂可同日语哉！"社会舆论指出票号面临的危机和其组建银行的紧迫性，诚为真知灼见。在半殖民地半封建的社会里，组织民族资本银行抗衡外国银行和利权自操，虽存幻想，但其胆识和见解在一定程度上是超前的，是值得肯定的。

---

❶ 参见《大公报》1912 年 11 月 6 日。

（4）研究者的共识。

民国时期，陈其田就李宏龄与总号改组银行间的争论进行了引述，详细介绍了票号总号因墨守成规错过四次改革的机会。其原文道："清末民初，大势已去，山西票庄几次提倡改革，而没有一次实现。这种至死不变，彻底守旧的精神，不能不令人惊讶。"作者进一步提到，"大凡一种经济制度的成立，因为有几种客观条件的要求。后来客观条件的变迁，这种制度便不能存在。但是如果有聪明才智的领袖，能顺潮流力行改革，以求适应新的环境，亦能苟延残喘，暂时继续存在。在清末时候，山西票庄在各方面看来，已呈腐化的现象，分号经理也有几个精明能干的人物，早已认清新的局面，主张改革图存，可惜财东及总号的经理，十分顽固墨守旧法，遂致同归于尽。追述往事我们惋惜，票庄失去几次很好的改革机会。"❶ 由此可见，陈氏是极力赞成票号改组银行的。

卫聚贤指出："（毛鸿翰）住在平遥，对于外面的大势一切不知，六十岁以上的老人，精力已衰。意存保守，极力反对由票号改成银行。"❷ 这说明卫氏也是支持票号改组银行的。

黄鉴晖认为："票号和账局，都是经营存放款和汇兑业务的，它们都具有银行性质，是银行而不叫'银行'。这是中国的历史习惯，与西欧国家把兑换货币和经营存、放、汇业务的统称为银行不一样。在中国，按其起因分别称为钱庄、银号、账局、票号。当'银行'一词传入后，从中国通商银行开始，中国经营存、放、汇业务的机构才被命名为银行。虽然它们的称谓不同，实际上都是中国的银行业。在中国银行业中，有大小银行之分、全国性银行和地方性银行之分。在通商银

---

❶ 陈其田.山西票庄考略[M].北京：商务印书馆，1937：44，166.

❷ 参见中央银行经济研究处史料，1944年。

行之前，票号是大银行、全国性银行，账局、钱庄、银号是小银行、地方性银行。在通商银行之后，通商、户部、交通等银行是大银行，票号则退居小银行。辛亥革命后票号名义不存在了，票号开创的汇兑业务和继承账局的存放业务，却一直延续了下来。通商、户部、交通银行虽是按西方股份制开办的，但存、放、汇三大业务也不是从西方搬来的，仍是从账局、票号那里继承来的。"❶

综上所述，以上关于山西票号研究的论著大都从票号的起源、组织结构、业务内容、票号与清政府关系等方面进行分析。其中关于票号衰亡的原因，学者们分别从政局动荡、现代交通通信的发展、同业竞争、票号自身的守旧与保守以及票号内部制度缺陷等角度进行研究，为相关研究提供了历史线索和文献基础。

1.2.1.2 近代钱庄业的研究

关于钱庄业的研究，最晚开始于 20 世纪二三十年代，主要的论著有李权时、赵渭人的《上海之钱庄》❷，潘子豪的《中国钱庄概要》❸，施伯珩的《钱庄学》❹以及在《钱业月刊》《银行周报》上关于钱庄业经营、发展状况的论文。由于上海钱庄的史料最为丰富，中华人民共和国成立初期，中国人民银行上海分行收集整理出版的《上海钱庄史料》❺是目前关于近代上海钱庄业最完整的史料集，为学术界后续的研究提供了相当多可供参考的资料。20 世纪 80 年代，中

---

❶ 黄鉴晖. 山西票号史（增订本）[M]. 太原：山西经济出版社，2002.

❷ 李权时，赵渭人. 上海之钱庄 [M]. 上海：东南书店，1929.

❸ 潘子豪. 中国钱庄概要 [M]. 上海：上海通书局，1931.

❹ 施伯珩. 钱庄学 [M]. 上海：上海商业珠算学社，1931.

❺ 中国人民银行上海市分行. 上海钱庄史料 [M]. 上海：上海人民出版社，1960.

国台湾学者郑亦芳的《上海钱庄 1843—1937》❶问世。同时《上海钱庄（1843—1937）——中国传统金融业的蜕变》❷一文中对近代上海钱庄的兴衰发展历程及其影响因素作了详尽的分析和阐述。张国辉的《晚清钱庄和票号研究》一书对鸦片战争前清代钱庄的发展及鸦片战争后钱庄职能变化及钱庄与票号和外国在华银行的关系进行了分析。黄鉴晖的《中国钱庄史》❸则对中国钱庄业的产生、演变及发展过程进行了详细描述。总体来看，关于钱庄的研究主要集中在上海钱庄方面，对于整个钱庄业的研究还有待于各地区域经济史研究的深入。

关于钱庄业近代化的研究。韩国学者林地焕在《论 20 世纪前期天津钱庄业的繁荣》❹中指出，民国初期天津钱庄无论在规模还是数量方面都有很大的发展，对工商业发展发挥了重要的促进作用，同时在中国近代化进程中扮演了重要的角色；在《30 年代的金融环境变化与中国钱庄业的更生》❺中进一步指出，面对 20 世纪 30 年代初的世界经济危机，尽管钱庄业在不利的金融环境中也深受打击，一度中落，但上海和天津的钱庄业奋起革新和更生，进行内部管理制度的改革，继续在工商业发展中发挥重要作用，并走上了传统金融向近代金融转变之路。

1.2.1.3 典当业的研究

典当作为古老的传统金融机构，在近代金融业中仍然发挥着重要的作用。

---

❶ 郑亦芳 . 上海钱庄 1843—1937 [M]. 中国台湾"中央研究院"，1981.

❷ 郑亦芳 . 上海钱庄（1843—1937）——中国传统金融业的蜕变 [J]. "中央研究院"三民主义研究所丛刊，1981（7）：11-27.

❸ 黄鉴晖 . 中国钱庄史 [M]. 太原：山西经济出版社，2005.

❹ 林地焕 . 论 20 世纪前期天津钱庄业的繁荣 [J]. 史学月刊，2000（1）：123-133.

❺ 林地焕 . 20 年代的金融环境变化与中国钱庄业的更生 [J]. 贵州社会科学，1999（1）：86-93.

关于典当业研究中较早的论著主要有杨肇遇的《中国典当业》、宓公干的《典当论》、张中龡的《天津典当业》、区季鸾的《广东之典当业》、金陵大学农学院农业经济系编著的《豫鄂皖赣四省之典当业》等。与此同时在《中行月刊》《民族》等杂志上也有一些关于典当研究的文章发表。中华人民共和国成立后，研究典当业的高潮是在 20 世纪 90 年代，代表性的著作主要有曲彦斌的《中国典当史》、刘秋根的《中国典当制度史》、黄鉴晖的《中国典当业史》、刘建生等的《山西典商研究》等以及近年来一些学者发表的关于各地典当业发展状况的文章数篇。

1.2.2　关于近代金融业的研究

中国近代金融业的总体性研究包括李飞等主编的《中国金融通史》、杜恂诚主编的《上海金融的制度、功能与变迁（1897—1997）》、洪葭管所著的《中国金融史十六讲》、叶世昌和潘连贵合著的《中国古近代金融史》、中国近代金融史编写组编写的《中国近代金融史》等。一些经济史总论如许涤新、吴承明主编的《中国资本主义发展史》第 2 卷、第 3 卷，汪敬虞主编的《中国近代经济史（1895—1927）》下册和刘克祥、吴太昌主编的《中国近代经济史（1927—1937）》中，也有相当部分内容从不同角度介绍中国近代金融业。

以上这些金融通史性的著作有一些共同的特点：首先，它们都是以时间为序清晰地将近代金融业发展划分为几个阶段，如晚清时期、北洋政府时期、国民政府时期等，可以使我们对近代金融业的发展脉络一目了然；其次，作为金融史的一般著作，其内容涉及金融体系的方方面面，比如货币制度、信用体系、各类金融机构、金融市场、政府的金融政策等，关于金融机构的研究只是其中一个部分，也因资料的限制且不是讨论的重点，所占篇幅有限。

1.2.3 关于近代银行的研究

有关近代银行的记载，最早见诸晚清时期各大报端。从 19 世纪末至清末，约百余篇，其中绝大多数文章是对当时中外银行业的条陈奏议、纪实报道、社会评论及业务往来的介绍。❶笔者查阅相关史料，发现大约最早有关银行的一篇报道是 1893 年《万国公报》上刊登的《银行盛宴》，该文记述了天津汇丰银行分行大兴土木后重新开业，举办盛宴的消息。总体而言，民国时期，对银行的关注度远高于晚清，不仅文章数量大增，而且部分文章已有较为细致的分析。这主要得益于一批事关金融、银行、商业、实业的专刊相继创办，如《银行月报》《中央银行月刊》等，尤其是 1917 年《银行周报》的创办，堪称银行研究之蓝本。民国初期代表作有：《银行制度之建设》，《庸言》1912 年第 2 卷第 4 号；《说银行公会》，《庸言》1913 年第 1 卷第 14 号；《中央银行制度比较得失论》，《民国汇报》1913 年 1 卷 2 期；《银行之意义及本质论》，《南明杂志》1914 年第 1 期，

---

❶ 代表作品有：《银行盛宴》，《万国公报》1893 年第 52 期；《容观察阅请创办银行章程》《容观察阅续拟银行条陈》，《时务报》1896 年第 9 册、第 10 册；《日本银行》《中国银行情形》《俄京银行》，《时务报》1897 年第 45 册、第 46 册、第 49 册；《推广银行》，《新民丛报》1902 年第 4 号；《中国银行之起点》，《大陆》1903 年第 2 期；《试办银行章程》《财政论户部银行》，《东方杂志》1904 年第 4 期、第 6 期；《银行制度概要》，《法政杂志》1906 年第 1 卷第 3 号；《户部奏试办银行酌拟章程折》《度支部奏推广分设银行折》1907 年第 61 期第 4 册，第 34 期第 1 册；《度支部奏厘定各银行则例折》，《政治官报》1908 年 121 期；《银行论》，《南洋商报》1910 年第 3 期；《银行之意义及其效用》《银行业务论》《银行业务论（续念四号）》，《国风报》1911 年第 1 年第 22 期、第 24 期、第 25 期。

等等；民国中后期文章层出不穷，由于数量庞杂，不一一列举。中华人民共和国成立以后，银行史的研究仍得以延续。在之后的三十年间，大概有十余篇文章主要针对华资银行展开探讨。汪敬虞的《19世纪外国在华银行势力的扩张及其对中国通商口岸金融市场的控制》，《历史研究》1963年第5期；张郁兰编撰的《中国银行业发展史》❶成为该时期唯一一部银行史专著。

20世纪80年代以后，银行史研究逐步兴盛。主要表现在大批有关银行业的珍贵史料得以收集、整理、出版，一批银行专著相继问世及相关论文的发表。

1. 资料的整理与出版

20世纪80年代以来，搜集、整理、出版了一批珍贵的银行史资料专著。主要有:《中国农民银行》❷《金城银行史料》❸《中国银行行史资料汇编》❹《交通银行史料》❺《上海商业储蓄银行史料》❻《四联总处史料》❼《盛宣怀档案资料之五——中国通商银行》❽《四联总处会议录》❾《中国革命根据地北海银行史料》❿《伪满洲中央银行史料》⓫。此外，部分已出版的金融史和货

---

❶ 张郁兰.中国银行业发展史[M].上海：上海人民出版社，1957.

❷ 中国人民银行金融研究所.中国农民银行[M].北京：中国财政经济出版社，1980.

❸ 中国人民银行上海市分行金融研究室.金城银行史料[M].上海：上海人民出版社，1983.

❹ 中国银行总行，中国第二历史档案馆.中国银行行史资料汇编[M].北京：中国档案出版社，1991.

❺ 交通银行总行，中国第二历史档案馆.交通银行史料[M].北京：中国金融出版社，1995.

❻ 中国人民银行上海市分行金融研究所.上海商业储蓄银行史料[M].上海：上海人民出版社，1990.

❼ 重庆市档案馆，重庆市人民银行金融研究所.四联总处史料[M].北京：档案出版社，1993.

❽ 陈旭麓，顾廷龙，汪熙.盛宣怀档案资料之五——中国通商银行[M].上海：上海人民出版社，2000.

❾ 中国第二历史档案馆.四联总处会议录[M].桂林：广西师范大学出版社，2003.

❿ 中国人民银行金融研究所，中国人民银行山东省分行金融研究所.中国革命根据地北海银行史料[M].济南：山东人民出版社，1986.

⓫ 吉林省金融研究所.伪满洲中央银行史料[M].长春：吉林人民出版社，1984.

币史资料中亦涉及大量银行史资料。主要有：《中华民国货币史资料》《最近上海金融史》《中华民国金融法规档案资料选编》《中华民国档案资料汇编——财政金融卷》《国民政府财政金融税收档案史料（1927—1937年）》、汪敬虞的《中国近代经济史（1895—1927）》、马寅初的《马寅初演讲集》，等等。

2. 专著的出版

以银行机构的发展演变为研究对象的有：大清银行清理处编《大清银行始末记》（大清银行清理处1915年版）；周葆鉴的《中华银行史》（商务印书馆1923年版）；马寅初的《中华银行论》（商务印书馆1929年版）；（英）毛里斯、柯立斯著，李周英等译的《中华民国史资料丛稿 译稿 汇丰——香港上海银行汇丰银行百年史》（中华书局1979年版）；刘光第的《中国的银行》（北京出版社1984年版）；黑龙江金融历史编写组主编的《华俄道胜银行在华三十年》（黑龙江人民出版社1992年版）；孙祥贤的《大清银行行史》（南京大学出版社1991年版）；黄鉴晖的《中国银行业史》（山西经济出版社1994年版）；卜明主编的《中国银行行史（1912—1949）》（中国金融出版社1995年版）；姚会元的《中国货币银行（1840—1952）》（武汉测绘科技大学出版社1993年版）；李一翔的《近代银行与企业的关系（1895—1945）》；寿充一的《中央银行史话》（中国文史出版社1987年版）；姜宏业主编的《中国地方银行史》（湖南人民出版社1990年版）；许家骏等编的《周作民与金城银行》（中国文史出版社1993年版）；孙晓村等编的《陈光甫与上海银行》（中国文史出版社1990年版）；《聚兴诚银行》（西南师范大学出版社1991年版）；《中国第一家银行》（中国社会科学出版社1982年版），等等。

3. 论文的发表

代表作有：汪敬虞《略论中国通商银行成立的历史条件及其在对外关系方面的特征》《19 世纪外国在华金融活动中的银行与洋行》《1895—1927 年外国在华银行势力的扩张》《外国在华金融活动中的银行与银行团（1895—1927）》《19 世纪末叶外国在华银行的投资活动》《19 世纪 80 年代外国在华银行金融实力的扩张（续）》及《近代中国金融活动中的中外合办银行》；陈文生的《天津的外国银行》；滨下武志、朱荫贵的《19 世纪后半期外国银行操纵中国金融市场的历史特点——及其与上海金融危机的联系》；杜恂诚的《北洋时期中国新式银行在对外贸易中的作用》；钟思远的《1927—1937 年的中国私营银行》；仇华飞的《近代外国在华银行研究》；潘连贵的《上海开埠早期的外国银行——兼谈利彰银行即利华银行》；尧秋根的《制约与创新：近代中国银行市场化（1905—1949）》（中国社科院，博士，2003）；高海燕的《外国在华洋行、银行与中国钱庄的近代化》；薛念文的《上海商业储蓄银行研究（1915—1937）》（复旦大学，博士，2003）；易绵阳的《早期华资银行业研究（1897—1927）》（广西师范大学，硕士，2004）；陈礼茂的《中国通商银行的创立与早期运作研究（1896—1911）》（复旦大学，博士，2004）；朱荫贵的《抗战爆发前的外国在华银行——以南京国民政府时期为中心》，刘超、赵仁平的《洋务运动时期中外资银行业发展与启示》；董昕的《中国银行上海分行研究（1912—1937）》（复旦大学，博士，2005）；时广东的《1905—1935：中国近代区域银行发展史研究——以聚兴诚银行、四川美丰银行为例》（四川大学，博士，2005），黄丽巍的《华俄道胜银行在华货币发行研究》；巫云仙的《论汇丰银行与近代中国金融制度的变革》和《略论汇丰银行在近代中国的几个发展阶段及其启示》；夏建圻的《中国通商银行早期经营研究（1897—1911）》；张启祥的《交通银行研究（1907—1928）》；王锋的《盐业银行概况研究（1915—1937）》；徐锋华的《交通银行与实业发展研究（1927—1937）》；张艳国、刘俊峰的《晚清本土钱庄和外商银行的互动性分析》；刘平的《近代中国银行监管制度研究（1897—1949）》（复旦大学，博士，2008）；司春玲的《晚清汇丰银行研究（1865—1894）》；石涛的《南京国民政府中央银行研究（1928—1937）》（复旦大学，博士，2010）；包蕾的《清末中央银行之肇始（1905—1912）——从则例角度的考察》；刘春杰的《中国近代银行的危机与应对——以中孚银行为考察对象》，常华兵的《外国银行入侵对晚清支付结算体系影响研究》，刘慧宇的《中国近代中央银行体制演变刍议》；高青山的《中国近代银行性质及作用刍议》；任绍敏的《中国近代银行的风险管理》，陈可新的《中国近代银行制度建设研究》，朱荫贵的《近代外国在华银行——以20世纪二三十年代为中心》，史红霞的《民国时期美丰系银行沿革史论》；兰日旭的《近代中国银行业资金运作变迁及其绩效探析》；徐锋华的《交通银行的贷款机制和投资方式（1927—1937）》，等等。

1.2.4　学术回顾评析

金融是一个复杂的体系，虽然关于中国近代金融业的研究成果颇丰，但尚有一些不足，有待进一步深入研究。主要表现在以下几点。其一，综合性研究不足。大多数论著都是对票号、钱庄或近代银行的静态考证，对传统金融机构或者近代银行的分析都是单维度的，即多就其自身分析入手。如票号或钱庄的史料分析，对这些金融机构之间的相互关系以及由传统金融向近代金融演化的深层原因缺乏深入的理论分析。其二，侧重于微观研究。目前关于传统金融机构和近代银行的论著，大多是就票号论票号，就钱庄论钱庄。较少从二者在近代经济中表现的差异以及近代产业兴起后，二者在近代经济发展中的发挥作用的角度进行论述。其三，大多数论著处于"考证"或"描述"阶段。对传统金融机构和近代银行的研究大部分是从历史学的角度展开的，研究者较少将现代金融学的理论和分析方法运用到对历史的研究中去，缺乏从金融学角度来探讨传统金融机构和近代银行运行的金融环境，缺少从宏观角度来探讨金融机构与国民经济发展的关系等问题。由此可见，对以票号为代表的传统金融机构向近代银行演化的整体变迁研究仍是中国金融史研究的薄弱一环，无论在深度还是广度上仍有很大的提升空间，就此为本书的撰写提供了契机。

1.3 研究内容与方法

1.3.1 研究内容

全书共分为七章，第一章是导论部分，阐述了研究背景、研究意义及对研究范围进行界定,并回顾了本书的学术研究现状。最后简要介绍了研究内容、研究方法和创新及不足之处。

第二章，回顾了近代中国制度环境变迁的历史过程，分别梳理了近代中国传统金融机构和近代中国新式金融机构的历史变革。

第三章，从金融史的角度梳理了山西票号发展的四个阶段，分析了山西票号的诱致性变迁特质、主要利润来源及其兴衰过程。重点对比分析了山西票号发展初期和后期的业务及绩效。票号在发展的前期，就自身运作而言均顺应了历史发展的趋势，资本盈利的速度大大超过了资本本身增长的速度，体现了旺盛的生命力。但发展到后期，经营绩效不断递减，面临着全行业整体的衰亡。

第四章，重点分析了近代产业的兴起对金融需求的变迁。简略梳理了中国近代工业的产生和发展过程。通过对典当、账局、钱庄等金融机构兴衰过程的考察，指出在商品发展的低级阶段，初级金融即可满足金融需求；随着经济发展的商品化和货币化程度不断提高，金融规模日益扩大，亦产生了复杂的金融需求，需要新式金融机构提供更大量的金融业务、更多品种的金融工具，才能满足社会大众对融资的需求。随着近代产业的产生，资本主义生产关系不断扩大，中国的工商业结构发生了根本性的转变，传统金融机构单纯服务于流通领域的业务方式已经远远不能满足市场的需求，此时需要金融服务功能更为全面和广泛的新式金融机构来为近代产业的发展提供强有力的金融支持。

第五章，主要分析制约山西票号向近代银行演化的政策因素。分别从中国近代财政制度转型、近代银行设立及近代银行立法等政府政策层面分析山西票号向近代银行演变失败的原因。本章还从近代金融史的视角梳理了近代银行的演进过程，分别阐述了外资在华银行的发展和中国近代银行的产生。

详细分析了近代银行的业务与绩效，进而具体剖析了近代银行对传统金融机构的业务冲击。

第六章，首先，分析了山西票号作为传统金融业固有的内生性制度缺陷，分别从资金来源仍是合伙制的延伸、票号后期产权界定不清晰、固守无限责任制、形成恶性的路径依赖、交易费用日益增加等方面系统分析了导致票号衰落的制度性原因，进而从理论层面阐释了中国传统金融机构向近代银行演化这一金融制度变迁的内在逻辑。其次，分析了票号一度陷入线性思维，只关注与自身业务相关的信息，而忽视了诸如货币制度的改革、技术进步和交通方式的革新对其业务的巨大影响，其业务优势荡然无存，致使后期盈利能力大为减弱。最后，本章提出了山西票号衰败的文化归因。通过分析中国传统文化对传统金融机构经营的积极和消极影响，认为山西票号之所以能够"汇通天下"，凭借的是恪守诚信的信条，也正是适应当时的社会文化环境。水能载舟亦能覆舟，是对事物两面性的深刻揭示，随着社会经济环境的变迁，中国传统文化又禁锢了中国封建传统思想，致使山西票号经营者厌恶风险，缺乏创新驱动，终为时代所淘汰。

第七章，是本书的研究结论和现实启示。

1.3.2 研究方法

研究方法必须服务于研究目的，以使历史与逻辑达到统一。我国著名经济史学家吴承明强调经济史首先是史，"经济史是研究过去的、我们还不认识或认识不清楚的经济实践，因而它只能以历史资料为依据，其他都属方法论。"❶ 正如熊彼特所说："历史的研究在经济分析史方面，不仅是最好的、也是唯一的方法。"❷ 但同时吴承明也倡导"史无定法"，应根据具体的研究对象灵活运用历史学、经济学和社会学的各种方法。❸

有鉴于此，本研究试图摆脱长久以来历史学著作以叙述为主的传统笔法的束缚，将根据大量翔实的历史资料，借鉴吸收马克思主义政治经济学、现代西方经济学、新经济史学等相关理论，综合运用经济分析、历史分析与比较分析等研究方法，既还原中国传统金融机构与近代银行的本来面目，又在此基础上对该过程中出现的相关问题做出应有的逻辑判断和理论说明，以求能够得出若干理论化的结论。经济史学的研究方法重在对经济学理论的运用，金融学理论是本研究中主要运用的经济理论。同时为了更好地分析、说明问题，将尝试性地引入制度变迁的相关内容，对研究中的制度问题进行制度经济学视角下的探析。

1.4 创新之处与不足

1.4.1 创新之处

本书运用金融理论从宏观经济环境、政府政策导向、企业内部等多个维度考察山西票号向近代银行演变失败的原因，进而解析金融与经济的关系及

❶ 吴承明. 经济学理论与经济史研究 [J]. 经济研究，1995（4）：3.

❷ 熊彼特. 经济分析史（第 1 卷）[M]. 北京：商务印书馆，1991：29.

❸ 吴承明. 经济史：历史观与方法论 [M]. 上海：上海财经大学出版社，2006：180.

影响等问题，研究视角和内容均比以往的研究有所突破，创新之处在于以下几个方面。

一是从近代产业兴起对金融需求变迁的视角考察中国传统金融机构的近代化转型问题。随着传统农业社会向近代工业社会的转型，需要与之相匹配的金融制度以推动工业社会的形成和发展，依附于农业和传统商业的传统金融业已经不能满足经济社会发展的内生金融需求。这种趋势的变化从更大维度上反映了社会变革对金融需求的变迁。

二是认为中国金融业近代化转型的诸多影响因素中外因大于内因。金融业和产业之间是相互依存的关系，一方面，从金融运行的宏观环境而言，产业的发展能从根本上推动金融业实现质的转变；另一方面，近代中国传统金融业发展的滞后性制约了近代产业的深度发展。

三是认为甲午战争后政府的干预对近代金融业的发展产生了深远的影响。金融机构的变迁是市场和政府共同作用的结果。当时，随着国内出现实业兴国的高潮，政府对待工商业的态度也由被动转变为主动，并制定了一系列倾向于近代产业发展的政策，深刻影响了山西票号的发展和变革，进而阻滞了传统金融业近代化转型的进程。

四是认为在近代中国二元制经济结构之下，身处经济发展较为迟滞的内陆山西，票号商人传统的意识形态和价值观念使得他们对传统金融业仍然心存幻想，最终成为近代化转型的严重阻力，从而迅速衰落。

1.4.2 不足

（1）有关山西票号的历史资料与数据收集不够深入，在新史料的挖掘和运用上仍存不足。

（2）在分析论证过程中较多地运用定性推理方法，定量方法运用相对偏少，在模型构建、计量分析方面有待进一步深入思考。

第二章　近代中国金融机构的历史变革

2.1　近代中国制度环境变迁

鸦片战争后，西方资本主义列强用武力打开了中国封闭性经济的大门，利用在中国获取的经济特权极大地冲击了中国手工业的发展。第二次鸦片战争爆发后，一系列不平等条约的签订加剧了对中国经济的疯狂掠夺。此时帝国主义侵华的重点仍是不断加强政治控制和经济掠夺，列强强迫清政府开放更多的通商口岸。从甲午战争后到 1911 年，列强迫使清政府在 14 年间陆续增设通商口岸 48 处，并且还在 16 个城市设立了"租界"。❶盘踞在这些口岸和"租界"的外国商行从 1901 年大约 1102 家增加到 1912 年 2320 家，极大程度垄断了中国进出口贸易。在这十年中，中国国内外市场处于持续扩大的过程。

---

❶ 严中平. 中国近代经济史统计资料选辑 [M]. 北京：科学出版社，1955：44-47，49-53.

根据中国海关统计，1900—1911 年，中国进出口贸易货值增长情况大致与 19 世纪 90 年代相似，保持着较高的增速。

在贸易迅速扩展的同时，中国金融市场则因倚重的战争赔款和外债还本付息经常处于波动状态。特别是在 1895 年之后，外债开始成了国际金融资本对华经济侵略的主要手段。20 世纪最初十年，为攫取中国铁路修筑权和矿产开采权，各国在紧张的争夺中，往往以提供贷款为诱饵以达到目的。甲午战争前，清政府对外借款总数在 4630 万余两，占全部财政支出的 3%~6%。[1] 当时清政府财政收支尚可勉强维持平衡。1895 年，《马关条约》规定中国须偿付日本军事赔款 2 亿两，迫使清政府在财政重大亏空的情况下，举借外债偿付。1900 年，义和团运动失败，"辛丑条约"在赔款一项上被迫规定为关平银 4.5 亿两。在清政府无力筹付的情况下，又被迫转成为 39 年摊还的长期外债，本息合计共达 9.82 余亿两。[2]1894—1911 年，清政府举借外债共达 110 多项，债额高达 12 亿两，年偿还外债本息占清政府财政支出的半数。如此之大的偿债压力，不可避免地对金融市场带来不同程度的波动。

随着帝国主义的侵略和封建主义的崩溃，中国的民族危机日益加深，为了维护自身的统治，政府采取了一系列有利于工商业发展的措施。中国民族资本主义经济初步发展，集中反映在民族工矿企业的兴起上。甲午战争后，日趋严重的民族矛盾和阶级矛盾给民族工矿企业的兴起提供了积极的思想基础。社会舆论号召"设厂自救"和"抵制外货"，迫使清政府放松对民间自办实业的种种限制，民族资本主义企业获得了一个比较有利的发展时机。据统计，1895—1910

---

[1]　徐义生. 中国近代外债史统计资料 [M]. 上海：中华书局，1962.

[2]　同[1].

年，17 年间先后设立了资本在 1 万元以上的工矿企业达 490 个单位，资本额达 1.11 余亿元，平均每年设立 29 个单位，资本 655 万元。❶ 特别是 1905—1908 年，在抵制外货运动的推动下，国内出现了一次远较 19 世纪末更为热烈的设厂高潮。新设厂矿所拥有的资本平均为 33 万元，个别企业甚至拥有高达 100 万元以上的资本额。❷ 中国近代企业在创建过程中需要大量资本的筹集和融通，软弱的政府无法对金融发展提供有效的管理，金融市场混乱无序。

2.1.1　宏观制度变迁

宏观上主要体现为政府职能的转变和法律体系的构建。如上所述，在民族危机空前的情况下，清政府放弃了限制民间资本投资的政策，并在洋务运动后开始重新审视"官夺商权"的经济政策，开始鼓励经济发展。宏观上政府推行了一系列制度变迁。

2.1.1.1　近代的立法高潮

清末，政府掀起了近代以来的第一次立法高潮，如《公司律》《商人通例》等。清政府并着手对银行业实行管理，于光绪三十四年（1908）度支部奏准颁发了近代第一部银行法即《银行通行则例》，为银行业的设立、经营和管理提供了制度保障。

---

❶　汪敬虞. 中国近代工业史资料（第二辑）[M]. 上海：中华书局，1962：657.

❷　张国辉. 辛亥革命前中国资本主义的发展、纪念辛亥革命七十周年学术讨论会论文集（上册）[M]. 上海：中华书局，1983：196.

2.1.1.2　财政金融体制的变迁

传统的宗法义务和行政权力支配的财政收支体系渐渐改变。以前的解协饷制度、报效制度和配套的库藏制度这些传统财政制度在财政危机下已经无法运转。先是在清末进行一系列改革，从厘金、田赋各项浮费差役到剔除中饱、裁厘加税、漕粮改折再到币制改革、创设银行、举借外债、发行公债等，想方设法摆脱财政危机。后来的北洋政府和国民政府，设立国库，成立财政部，管辖赋税、会计、出纳、公债、帛币、专卖、储金、银行及其他一切财政，并初步建立财政预算、决算制度。总之，中国近代逐步由传统向现代财政金融管理制度方向变迁。

2.1.2　微观制度变迁

微观制度上的变迁主要是现代公司制度的出现及其带来的变化。现代企业制度是一种有效率的微观组织，新制度经济学把有效率的组织视为制度变迁的主要原因，中国近代的发展主要就是由微观组织推动的。鸦片战争后，旧制度的打破，加上亡国的压力，使当局放松了对民间资本的限制，并试图引导新旧经济在中国的发展，于是，一系列新式法律如《公司法》等法律不断颁发，使企业家和企业的法律地位得到确立，并对企业财产所有权和经营自主权进行了规定。从制度上激励了微观企业的生产积极性，引导民间微观主体的经济活力，并对市场秩序和竞争行为进行了初步规范。鸦片战争前，民间存在的主流是合伙经营方式，随着晚清国门被迫打开，外国资本组织形式首先由外国商人带入中国，公司制度出现，随着 19 世纪洋务运动为开端，官督商办、官商合办到后来的商办等新型企业组织模式的推广为开端，在市场和竞争的引导下，中国近代企业家们不断探索和改进企业制度，从旧式企业制度转到新式企业制度，从产权主体一元化到多元化，从无限责任公司到有限责任公司，中国近代出现了短暂经济发展的繁荣。

2.1.3　非正式制度变迁

鸦片战争以后，在制度环境发生剧烈变化之下，以"诚信、仁义、效忠、等级有序"为核心的伦理道德、价值观念等非正式制度处于混乱与整合的过程中。传统的诚实守信、礼让互尊、重义守德等伦理道德及许多行之有效、约定俗成的商业规范都无法保持，传统金融机构受到自身发展的局限和新式金融机构的冲击，开始走向衰落。

2.2　近代中国传统金融机构的历史变革

2.2.1　典当的兴盛与衰落

典当亦称典当行，是按借款人提供质押品的价值打折扣贷放现款，定期收回本息的特殊金融机构。我国典当业历史悠久，作为一种特殊的融资方式，典当业不仅是满足人们日常融资需求的有效手段，也伴随着社会经济的发展成为一种客观经济现象。我国典当业起源于南北朝时期，由寺院首创。南北朝时期是我国封建社会经济发生变革的时期，这一时期商品经济得到很大发展，出现了大量贫商、小手工业者及贫苦农民，一方面贵族地主聚集了大量钱财，另一方面贫苦百姓缺乏资金，这就需要一种中介来解决这一矛盾，于是作为专门从事抵押放款的金融机构典当业就应运而生了。

典当业在清代仍是很重要的信用机构。在清代，无论从资本额、铺数，还是规模、类型，典当业的发展势头都是空前的，为以往历代难以比拟。随着当铺资本的增加，其业务也相应得到扩展，不但有抵押放款的交易，还接受存款，有不少地方的公款都交与当铺，以生利息，可签发钱票或银票。信用好的当铺，其钱票可以在市面上流通，充当货币支付手段职能。银票则相当于本票性质的一种金融工具，即相当于定期付现的期票，应存户的请求而发。这种银票发展到后来，存户可以直接签发，这时其又具有了支票的某些功能。可见典当业是当时重要的信用机关。

典当业在清代中期达到鼎盛，鸦片战争后即走向下坡路，其衰落早于票号与钱庄。清末政局的动荡和经济的不景气对典当业造成了很大冲击，根据1912年农商部的调查，1911年年底全国登记的当铺仅有4000余家❶。北洋政府时期，有关典当业的全国性统计比较缺乏。宓公干按照"内政部"、中国银行、广西统计局、国际贸易局等机构的调查以及自己的实地考察、研究，估计20世纪30年代初期全国共有典当约4500家，其中农村及中小城市有3500家，资本总额为1.05亿元，营业额在2.1亿~2.6亿元之间。

---

❶　农商部总务厅. 第一次农商统计表 [M]. 北京：农商部总务厅，1914：267.

大都市有 1100 家，资本 4400 万元。全国典当合计资本 1.5 亿元，营业额为 3 亿 ~3.75 亿元左右 ❶。历史回顾表明，典当这种以贫穷为基础的旧式金融机构，未能随着社会大转变的现实条件及时吸收社会的积极因素，无奈走向了衰落。

典当业的衰落除了受政治经济因素的影响之外，新式金融机构的替代也是重要原因之一。其一，从业务范围来看，当铺的业务非常广泛，除了小额抵押贷款外，还经营存放款等业务。大量的官款、社会性基金及私人款项都存于当铺。但到了近代，由于银行等金融机构的出现，大量官款及绅商的款项存放当铺的历史传统被打破，大批款项存入银行而不存当铺了，这既缩小了当铺的营业范围又使其流动资金匮乏。民国时期农业银行、农民信贷所、农业合作社也都开设抵押放款业务，且利率低于当铺，使当铺遭受到猛烈的冲击。其二，从资本规模来看，典当是一种依托实物将钱出借的信用方式，主要是以一种小规模的社会活动而存在。而新式金融机构则不论从经营业务还是资本都是一种规模较大的金融机构。其三，从其内部经营管理体制来看，典当业缺乏创新的经营意识，一味抱残守缺、恪守传统的经营模式，以致逐步丧失市场的适应能力和竞争能力。其四，从其外部约束机制来看，到了清末民初，由于动乱的社会经济环境，使典当经营的制度环境发生了剧烈的变动，以"诚信、仁义、效忠、等级有序"为核心的伦理道德、价值观念等非正式的约束处于混乱与整合的过程中，而以政府治理为内容的有效的"第三方实施"没有很快建立起来，致使其逐步走向衰落。

---

❶ 宓公干. 典当论 [M]. 上海：商务印书馆，1936：191-192.

2.2.2　钱庄的兴盛与衰落

钱庄，亦称钱铺、钱店，是我国旧式信用机构之一，钱庄最早产生于明代嘉靖年间。但是因为当时钱庄的业务内容和范围都非常有限，所以它只是"货币经营业的最原始形式"。早期的钱庄非常简陋，只是在市集中摆桌设摊，以满足交易者的临时需要。明清两代采用的货币制度，都是以银两、制钱为平行本位，大数用银，小数用钱。早期钱庄的主要业务是从事银两和制钱的兑换。所以在清初的文献中，习惯称钱庄为"卖钱之经纪铺"❶。我国的货币兑换商从 15 世纪末到 16 世纪初被称为"钱肆"，到 17 世纪 40 年代被称为"钱桌"，经历了大约 70 年的时间，即在雍正、乾隆之际（1730—1740），始被称为"钱铺"或"钱庄"，开始有了铺面。❷

钱庄主要分布在长江流域，上海的钱庄有着悠久的历史，商铺兼营兑换和存放款是它最早的形式。资料表明，上海的钱庄远在清乾隆年间已经成为一个具有相当规模的独立的行业。根据上海钱业公所内园碑记所载：从 1776 年（乾隆四十一年）到 1796 年（嘉庆元年）这一时期内，历年承办该公所事务的钱庄共有 106 家之多。自康熙年间到道光十年间，开设的钱庄有 398 家。

清中晚期，随着沿海沿江城市的对外开放和商品经济的迅速发展，钱庄的数量和资本都有大幅增长，总体实力增强。在业务上与外国在华银行建立资金融通关系，服务于洋货内销和外商收购，并为部分工矿企业提供资金融通。1900年，国内爆发了义和团运动。南北各省主要城市的金融业都在一定程度上受到

---

❶ 参见《皇朝文献通考》，第 13 卷，钱币 1，考第 4969 页。

❷ 参见《中国钱庄史》。

了震撼。华北地区更是直接遭受外国侵略军的暴行，损失惨重。有记载称：北京"合城……钱铺三百余家，俱被匪徒勾结洋人，抢劫无遗"❶。上海的金融业虽不像京、津那样遭受到直接的抢劫，但也一度陷入了银根奇紧状态。而无能的清政府上海道还寻找外国势力支持，外国银行借此机会抓住钱庄业资力薄弱的弱点，乘机扩大它的发钞业务，加强对钱庄业的控制。辛亥革命后，随着中国民族资本主义的崛起，相比新式金融机构处于劣势，再加上受到经济危机和辛壬之变的影响，"一向所号称为股商富商者，今皆相继破产，不克自存。"如上海，"橡皮风潮余波尚未平静，而辛亥革命的震撼又来。当时的上海钱业，正处于风雨飘摇之中，绝无保全自卫之策。加以人民不定，商业凋零，钱庄营业，无形停顿。"❷同时，外国银行业对钱庄业加强控制，导致钱庄数量大幅减少，业务萎缩。

　　而 1883 年发生于上海的金融风暴可以说是 19 世纪后半期出现的最大的一次风潮，主要是由于钱庄业从事于银洋投机和对正在兴起的近代企业、矿山进行股票投机促成的。1910 年，在上海出现了一次震惊当地市场的"橡皮股票风潮"，给上海金融市场带来强烈袭击。起因于钱庄积极参与狂热的橡胶股票投机狂潮。钱庄把手中可以调动的资金大部分都投入橡胶股票的投机活动中，使正常的贸易活动缺乏流动资金。当国际市场橡胶行情下跌，积存大量橡皮股票的钱庄出现资金周转不灵，部分钱庄被迫宣告歇业，牵连往来钱庄。此时外资银行落井下石，清政府地方当局又处理失当。据《上海钱庄史料》提供的统计资料看，1908 年正是上海汇划钱庄在清代发展的最高峰，达 115 家，1909 年减为 100 家，1910 年减为 91 家，1911 年减为 51 家，1912 年减

---

❶　仲芳氏 . 庚子记事 [M]. 北京：科学出版社，1958：36.

❷　中国人民银行上海市分行 . 上海钱庄史料 [M]. 上海：上海人民出版社，1960：101.

为 28 家比 1908 年减少 75.7%。

钱庄的衰弱固然有其外部因素的影响，但其自身制度的弊端是其走向衰弱的重要内因。首先，在组织制度方面，钱庄采用"八把头"制，在监理下设置经理，经理下设协理、襄理，再下就是八把头：清账、跑街、钱行、汇划、洋房、银行、信房、堂室。最底层为学徒、栈司。经理负责具体营业，取得股东信任后，大权独揽，封建色彩浓重。其次，在资本结构方面，钱庄产生之初为独资经营，到了清朝末年的繁荣时期，多为合伙出资。钱庄的自有资金较少，普遍向票号和外资银行再融资。最后，钱庄一直沿用无抵押信用放款，在中国旧的社会商业环境下这种信用模式被普遍接受。虽然信用风险明显高于抵押放款，却一直沿用下来。清末民初的中国民族工商业资力薄弱，信用放款对于刚起步的企业来说是比较合适的。但毕竟信用放款潜藏着很高的风险，所以在 20 世纪 30 年代资本主义大萧条到来时，民族工商业陷入困难，钱庄业也深受影响。

2.2.3 账局的兴盛与衰落

账局大约产生于清代雍正、乾隆之际，是一种专门办理放贷取息的信用机构。创办账局者以山西籍居多，据清末的一份资料记载，当时京城存在的账局中，创办最早的一家名为"祥发永"，是一位名叫王庭荣的山西汾阳籍商人，出资白银 4 万两，于乾隆元年（1736）始建于张家口城。由此而知，账局的产生，最迟不晚于乾隆元年（1736），甚至还在此前。

账局经营初期放款的主要对象是候选官吏，"汾平两郡（汾州府与平阳府），多以贸易为生。利之十倍者，无如放官债，富人携资入都，开设账局。遇选人借债者，必先讲扣头，如九扣，则名曰一千，实九百也。以缺之远近定扣头之多少，自八九至四五不等，甚至有倒二八扣者。扣之外，复加月利三分。以母权子，三月后则子又生子也。滚利叠算，以数百金，未几而积至盈万。"❶

账局作为一种信用机构，其主营业务是为工商铺户提供资金融通。"闻账局自来借贷，多以一年为期。五六月间，各路货物到京，借者尤多。每逢到期，将本利息全数措齐，送到局中，谓之本利见面。账局看后将利收起，令借者更换一券，仍将本银持归，每年如此。"❷明清之际，北方贸易主要以张家口为中心，作为对蒙防线上的关口，张家口成为中俄贸易交往的重地。恰克图作为中俄贸易的地点远在中亚腹地，距张家口有 500 千米之遥，自张家口至恰克图，每一往返，仅途中运输就需时至少半年，如果再加上从中国腹地组织货源，或将俄国货物在中国腹地销售以及其间的运输过程，贸易商的经营周期，便被大大延长。经营周期的延长，势必造成垫支资本的增加，如此对自有资本不足的贸易商而言，只有两种选择：或者缩小经营规模；或者向金融业寻求借贷支持。而"旅蒙贸易"以至于中俄贸易中的优厚利润，使得后者成为更佳选择。因此便催生了对应的服务机构的产生，账局适时填补了金融业的空白。

《清户部档案》列举了清末账庄业概况，《山西票号史料》的统计显示："档案保存的这个册子，只记录了52家，这52家股东按籍贯分，山西34家占65.3%，直隶4家，顺天府8家，山东2家，浙江2家，奉天2家。总经理按籍贯分，山西49家占94.23%，直隶2家，山东1家。"也就是说，晋商一直在账局中占据统治地位。"这52家，总号设在京师36家，张家口11家，太谷

---

❶ 李燧，李宏龄．晋游日记：卷3 [M]．太原：山西经济出版社，2003．

❷ 清档：军机处《录附奏折》，咸丰三年三月二十五日，御史王茂荫奏折。

县 2 家，天津 1 家，多伦 1 家，山西忻州 1 家。其总分号所在地，京师 52 家，张家口 13 家，烟台 2 家，天津 6 家，汉口 1 家，赤峰 1 家，营口 2 家，太谷县 3 家，安东 1 家，上海 5 家，多伦 2 家，祁县 1 家，归化 1 家，黑龙江湖兰府 1 家，保定 1 家，代州 1 家，共计 16 个城镇 93 家。"❶

由此可见，账局主要是根据借款人的信誉和经营水平进行信用放款，故其经营的风险较大。随着社会的不断发展，金融行业的竞争愈演愈烈，从咸丰末年到民国初年，账局进入了衰退期。账局衰落的首要原因是其资本规模有限，资本额相对集中，而且账局没有完全从商业资本中分离出来，受到当时通信条件的制约，没有设立分支机构，从而也没有在汇兑业务领域开展业务。所以当票号兴起后，账局的影响力远远不及票号，难以再争回市场。剧烈的社会动荡是加速账局衰落的另一个重要原因。中国进入近代以来，动乱频发，工商业发展受到重创，再加上新式银行的竞争，使得账局生存条件日益恶化，最终走向全面的衰败。

2.2.4　票号的兴盛与衰落

票号兴起于乾隆嘉庆年间，是清代重要的金融机构，以汇兑为主要业务，兼营部分存放款业务。票号最初是专门从事异地款项汇兑的金融机构，后来办理存放汇兑与委托代理业务等业务。票号原称"汇兑庄"，因为汇款必有汇票，亦称"票庄"，又因为同属商号性质，社会呼之为"票号"。票号的出现主要是为了解决异地之间商业贸易货款交付时的货币运现困难，将运现改为使用汇票，以解决异地商品交易中的支付和清算问题。

---

❶　黄鉴晖 . 山西票号史料 [M]. 太原：山西经济出版社，2002：10.

传统观点认为票号的发展经历了四个阶段：一是初始阶段的示范效应（1823—1861），当时以商业汇兑为主，吸收存款以公款为主，贷款对象主要为官僚、钱庄和大商人。二是汇兑官款后的业务扩展（1862—1893），票号进入了大发展时期，票号数量急剧增加，同时，单家票号在各地设立的分号数也快速增加，资本金和利润额也快速上升，官款汇兑和洋务经费汇兑成为其主要业务，同时，票号广泛结交官吏，为其垫付川资，代垫捐官款项及向官府捐纳、代垫京饷和协饷。三是汇兑外债赔款后的辉煌业绩（1894—1911），票号发展走向鼎盛。四是民国年间的衰败（1912—1940）。尽管山西票号在太平天国后迅速发展，并到义和团运动后达到了其发展的顶峰，但其自身在组织制度上的缺陷，经营管理方面的弊端以及外国银行和近代银行强力竞争，使其无法适应恶劣的环境。在内外因素的共同作用下，山西票号逐渐在银行业近代化中衰亡。

纵观票号衰亡的原因，首先，从资本组织方面看，票号实行独资或数姓合资的无限责任制。由于投资者的个人资本金有限，又不注意吸收社会闲散资金，在很大程度上限制了资本的集中。其次，票号普遍采用"东家出资，掌柜经营"的组织模式，即所有权与经营权相分离的制度。这种制度虽然有利于调动经营者的积极性，但当时所实行的"两权分离"很不健全，只是赋予总经理无上的权利，却没有建立与之相配套的责任追究机制，加大票号的经营风险。再次，票号在其百余年的发展中，坚持诚信原则，坚守信用放款。信用放款在经济景气时对于票号扩大经营规模和盈利起到重要作用。在鸦片战争后，随着经济危机的到来以及清末政局动荡的加剧，单纯的信用方式已经不能适用社会的要求了。最后，票号的约束机制是以儒家文化的伦理道德为根本，内部配合严格的号规和严密的财务稽核制度。外部配合宗法、铺保和行会的约束，共同约束号内上至财东、经理下至普通员工的经营活动。作为传统的金融机构，票号在后期发展中一方面遇到新式金融机构的竞争，另一方面，由于外部约束机制的缺位，在传统金融机构存在的相当长时间，政府没有制定过任何监督性法律、法规、对社会信用等管理者的规定停留在高利贷的规定上。政府对金融业的管理跟其他工商企业一样，仅限于纳税层面。至于对金融机构的准入和退出以及进入市场后的经营管理都不受政府的约束，此时的金融业管理基本处于无政府状态。

典当、钱庄、账局、票号是当时中国传统金融体系的重要组成部分，它们的产生与发展有着深刻的时代背景，它们的出现对中国历史特别是金融史的发展产生了巨大的影响。不可否认的是，它们都共同推动了中国近代金融业的发展，为商品经济的发展做出了各自的贡献。但终究由于旧式制度的固有缺陷，辛亥革命之后，票号等金融机构大多急剧衰落，后来虽然几经挣扎，力图重振旧业，但都收效甚微，最终都无奈地退出了历史的舞台。

2.3　近代中国新式金融机构的历史变革

2.3.1　外资在华银行的设立

鸦片战争以后，新兴的英国资产阶级为了进一步扩大对华贸易的掠夺，设立了专门的金融机构——银行来加速和中国之间的金融业务。自 1845 年首家外资银行丽如银行进入中国，初期基本是英国银行的独占时期，之后各帝国主义国家银行均有设立。初步设立的外资银行资本规模较小，为 50 万 ~100 万英镑，如丽如银行 1850 年实收资本 100 万英镑，麦加利银行 1853 年实收资本为 32.2 万英镑。1845—1865 年，外国银行在华的最主要业务活动是汇兑。直到 1865 年汇丰银行成为首家在中国设立总行的外资银行，它"以香港总行和上海分行为枢纽，在与中国相近的东南亚各国安设据点，以伦敦为它的策应地，欧美几个分行作为必要辅翼，所有这些机构的敷设都是直接间接以加强对中国的控制力量"❶。从此，外资银行垄断近代中国的国际汇兑业务，通过吸收存款和发放贷款等传统业务，挤压山西票号和钱庄的传统金融机构生存空间，控制了中国金融市场。外资银行在华设立有三次高潮：第一次是 19 世纪 40 年代，如英国的丽如银行、汇隆银行、有利银行、麦加利银行等；第二次是 19 世纪 60 年代，如英国和法国的利华银行、法兰西银行、利昇银行、汇川银行、汇丰银行等；第三次是 19 世纪 90 年代，如俄国的华俄胜道银行、德国的德华银行、日本的横滨正金银行和正隆银行、美国的花旗银行、法国的东方汇理银行等多国外资银行的设立。这些外资银行在中国大量设立后，通过垄断国际汇兑、在中国境内发行纸币、吸收中国公私存款、经营对清政府的贷款，实施了对中国商人和金融业的控制。

2.3.2　官办银行的发展

中国近代官办银行包括中央政府投资的国家银行和地方政府投资的省、县地方银行。前者主要有 1905 年的户部银行（中国银行）、1907 年的交通银行、

---

❶　洪葭管. 从汇丰银行看帝国主义对旧中国的金融统治 [J]. 学术月刊，1964（4）：37-49.

1928 年的中央银行和后续成立的中国农民银行等；后者的数量较多，但基本不是新设立的，而是各地在清末已成立的官银钱局（号）的基础上改组而成的。官办银行在近代中国银行业中占据显赫地位。

1904 年，户部在实现"仓猝聚亿万之财，收亿万之利"❶的动机下奏定《试办银行章程》，于次年成立户部银行，是第一个国家银行。户部银行总行在北京，在天津、上海、汉口等地设立分行。户部银行的章程中有以下条款。

（1）资本银 400 万两，分为 4 万股，每股库平足银 100 两，由户部认购 2 万股，余 2 万股，无论官民，均准购买。

（2）照有限公司办法，股份外，不再向股东添取银钱，即有亏欠，与股东无涉。

（3）专做收存出放款项，买卖荒金荒银，汇兑划拨公私款项，折收未满期限期票及代人收存紧要物件。

（4）本行归国家保护。凡遇市面银根紧急，青黄不接时，可向户部请给库款接济。

（5）银元（圆）局铸造银铜各币，均交本行承领，与商号直接往来。

（6）公家既认 2 万股，即为最大股东，可派总办 1 人，副总办 1 人；另设董事 4 人，由股东公举。

（7）拟印纸币，分库平银 100 两、50 两、10 两、5 两、1 两五种。通用银元（圆）亦如此。

可见户部银行实为清政府的国家银行，半数的股本由户部认购，半数的

---

❶　中国人民银行总行参事室金融史料组.中国近代货币资料（第一辑下册）[M].上海：中华书局，1964：1032.

股本向国人招募，也就是政府控股的股份制银行。该行的权利包括以下几点。①纸币及国币之发行；②国库之经理；③交通机关之使用；④关税之免除。❶

可见，户部银行具有发行纸币、代理部库等特权，同时它还经营一般银行业务，兼有中央银行和商业银行的性质。1908 年清政府对户部银行改称为大清银行。

大清银行则例二十四条比原户部银行则例有所修正，其要点包括以下几点。

（1）确认该行为国家银行，由国家饬令设立，予以特权，诸如有代国家发行纸币之权，准许经理国库事务及公家一切款项，并代国家经理公债及各种证券。

（2）该行资本由 400 万两增为 1000 万两，划为 10 万股，官商各半。

（3）该行正副监督和董事，由度支部提名，经股东会公举，呈度支部派充。

1912 年大清银行改组成中国银行。1913 年 4 月，北京临时参议院通过中国银行则例，则例明确中国银行为中央银行，股本总额为银元（圆）6000 万元，分为 60 万股，每股 100 元，政府先认垫 30 万股，余数由私人购买；由政府先交所认购股份 1/3 以上，银行开始营业，同时招募商股；则例还规定该行设总裁、副总裁各一人由财政部报政府任命；设董事九人，监事五人，由股东会选任。

交通银行是中国近代设立的一家专门以发展交通为目的的官办银行。1907 年，邮传部拟设交通银行。其章程摘要有以下几点。

（1）交通银行纯属商业银行性质，邮传部附股设立，官股四成，商股六成，均照商律办理。

---

❶ 曾康霖. 曾康霖著作集（第八卷）[M]. 北京：中国经济出版社，2004：43.

（2）轮路电邮格局所存储汇兑揭借筹事，该行任之。

（3）总行设北京。

（4）仿京外银号即各国银行，印刷通行银纸。

（5）资本银500万两，分为5万股，每股库平足银100两，邮传部认购2万股，余3万股，无论官民，均准购买。

（6）照有限公司办法。

（7）邮传部既认2万股，即为最大股东，可派总理、协理。❶

该行除经理一般银行业务外，享有经理轮船、铁路、邮政、电报四个系统存款的特权，具有专业银行的特征。1914年，交通银行改定章程，股本总额增为1000万两，除原有经理"四政"以外，并得代理国库、经付公债本息、代收税款、办理国内外汇兑等业务。

1927年，国民党政府成立后，立即着手建立其金融垄断体系，首先把势力伸向当时资力雄厚、信用卓著，并在银行界有举足轻重地位的中国银行和交通银行。1928年和1935年先后对两个银行进行改组，并两次增加官股。自此，中交两行完全被国民党政府所控制，成为官僚垄断金融资本的重要组成部分。

1896—1911年，相继设立的官银钱局号有：陕西秦丰官钱局、湖北官钱局、河南豫泉官银钱局、山东官钱局、天津银号、吉林永衡官银钱号、江西官银钱号、湖南官钱局、广东官银钱号、黑龙江广信公司、裕皖官钱局、热河官银钱局、甘肃官银钱局、迪化（乌鲁木齐）官钱局、伊犁官钱局、贵州官钱局、黑龙江省官银号、浙江官银号、奉天官银号（东三省官银号）、福建银号、

---

❶ 杨端六.清代货币金融史稿[M].上海：生活·读书·新知三联书店，1962：378.

山西官钱局等共 20 余家。这些具有地方银行性质的官银钱号在其规模、组织机构及经营管理方面都各有特色，它们的出现并不是建立在商业发展基础上，它们是地方政府解决财政困难的工具。地方官银钱局号办理存放款、经理省库、代垫公款、经管官款的汇兑存拨，以多种方式接济官府，成为地方政府的财政外库，致使同时存在的票号业务大受影响。清末各省兴办的官银钱号兼有省银行和商业银行性质，以维持省级财政为基本职能。它的出现，奠定了中国各省官营金融机构的基础。民国以后，各省督军纷纷在省官银钱号的基础上重设省立官营银行。

2.3.3 民营银行的兴起

在外资在华银行巨额回报和各种先进的组织管理形式的影响下，中国民族资本家通过学习西方先进的技术，引进了西方的现代银行制度，创立了中国的民营银行。盛宣怀在《自强大计折》中指出："西人聚举国之财，为通商惠工之本，综其枢纽，皆在银行。中国亟宜仿办，毋任洋人银行专我大利。"❶ 1897 年，第一家民营银行冲破各种阻挠而诞生。随后民营银行如雨后春笋般不断涌现，如上海储蓄商业银行、金城银行、大陆银行、浙江兴业银行、浙江实业银行、聚兴城银行等，并逐渐形成了所谓"南三行""北四行"等银行集团。"1916—1921 年，私人银行共新设 73 家，平均每年新设 14 家，占同期全国新设华资银行总数的 90.1%。至 1920 年年底，实存的私人资本银行有 81 家，在全国实存华资银行总数中的比重，从 1915 年的 52.6%，上升到

---

❶ 参见《愚斋存稿初刊》，第 1 卷，奏疏 1。

78.6%；实收资本达 4525 万余元，在全国银行实收资本中的比重，也由 1915 年底的 27.7%，上升到 51.4%。"❶ 根据中国银行经济研究室编制的《全国银行统计年鉴（1937）》相关资料整理，到 1936 年全国私人银行约为 118 家，数量大，但规模都偏小，资金较大的银行数量不到 30 家，它们成为近代银行业的主干，与官办银行共同构成中国金融业的核心。

❶ 黄逸峰，姜铎，唐传泗，等 . 旧中国民族资产阶级 [M]. 南京，江苏古籍出版社，1990：334-335.

第三章　山西票号发展概览

商业的繁荣是传统金融发展的基础。作为传统金融业典型代表的山西票号，是在国内外市场不断发展，异地贸易规模逐渐扩大，异地汇兑的市场需求不断凸显的历史背景下产生并发展壮大的。山西票号在发展的百年历程中几乎垄断了国内埠际间的汇兑业务，一度执中国金融之牛耳。

3.1　山西票号发展的四阶段及其特质

从第一家票号产生到最后一家票号被改组而退出历史舞台，其发展主要经历了四个阶段：1823—1861 年的初始阶段，1862—1893 年的业务扩展阶段，1894—1911 年的极盛阶段，1912 年以后的衰落阶段。

3.1.1　山西票号发展的四阶段

3.1.1.1　初始阶段的示范效应（1823—1861）

山西首家票号日升昌创办于道光三年（1823）前后，它是由山西省西裕成颜料庄改业而来的。乾隆后半期到嘉庆年间，国内国际贸易的发展，引起埠际间货币流通量增大和频繁，靠运送现银来清算，既费时又耗资，运现严重阻碍了商品经济的发展。再加上嘉、道年间，政局不稳，民变蜂起，为起镖运现增加了风险，工商业对运现改为汇兑的要求越来越强烈。西裕成颜料商东家李箴视，在天津、北京等全国商业码头拥有众多商号。作为西裕成颜料行的总经理，雷履泰敏锐地发现专营异地之间的汇兑很有市场，既可以避免银两随身携带给客户带来的风险，又可以从中赚取汇费，还可以利用沉淀下来的资金进行放贷赚取利差，可谓"一箭三雕"。但是，雷履泰只是一个掌柜，并没有富裕的资金开办专门的商号经营汇兑，更没有现有的资源迅速在全国设立分支机构形成异地汇兑网络。雷履泰找到李箴视，将西裕成改造成专业经营异地汇兑的票号这一想法和盘托出，东家李箴视当即拍案叫绝，立刻投入资金，将成立票号这一项目全权交由雷履泰负责，迅速在全国主要城市设立了票号。这样，第一家山西票号——日升昌成功创办，从兼业经营发展到专营汇兑，开创了近代中国金融历史的先河，成为中国传统金融业的一项重大创新。

初始时期票号主要以商业和埠际商业汇兑为主，很好地适应了商品经济发展的需要，一度获得极大的利润。众多商号看到日升昌通过汇兑业务带来的巨大利润，开始争先效仿，初步形成了平遥、祁县、太谷三个票号商帮。

延至 1861 年 40 年时间里，票号数量达到 24 家之多（见表 3.1），有部分票号关闭，期末实存 16 家。分支机构遍及京师、张家口、天津、奉天、济南、开封、周家口、西安、三原、清江浦、苏州、南京、屯溪、芜湖、合肥、汉口、沙市、重庆、成都、湘潭、常德、长沙、江西河口、广州 24 个城镇。初始阶段的示范效应尽显无遗。

表 3.1　道光初年至咸丰三年（1821—1853）票号三帮开设情况 ❶

帮别	开设	关闭	期末实存
平遥帮	日升昌、蔚泰厚、蔚丰厚、天成亨、蔚盛长、新泰厚、日新中、聚发源、义兴永、隆盛长、万成和、万盛成、光泰永、隆和永、协和信、协同庆、百川通	聚发源、义兴永、隆盛永、万成和、万盛成、光泰永、隆和永、日新中	日升昌、蔚泰厚、蔚丰厚、天成亨、蔚盛长、新泰厚、协和信、协同庆、百川通
祁县帮	合盛元、巨兴和、大德兴、元丰玖	无	合盛元、巨兴和、大德兴、元丰玖
太谷帮	志成信、大德玉、协成乾	无	志成信、大德玉、协成乾
合计	24 家	8 家	16 家

3.1.1.2　汇兑官款后的业务扩展（1862—1893）

经历了初始阶段的产生和发展，这个时段票号发展进入到黄金时期。首先是票号规模的迅速扩张，在这 30 年的时间里，票号的家数不断增加，由前期的 16 家增加到 28 家（见表 3.2）。票号的区域分布范围也进一步扩大，除

---

❶ 黄鉴晖，等.山西票号史料[M].太原：山西经济出版社，2002.

了传统三帮票号之外，出现了太原帮和南帮票号。票号初期的业务重心主要在北方和长江中上游等内陆商埠。第二次鸦片战争之后，随着通商口岸的不断增开，票号汇通地向全国边远地区尤其是向对外通商口岸扩展，分布于北起蒙疆，南至闽粤，西起川康，东临海滨的重要城镇、商埠等。

表 3.2　同治元年至光绪十九年（1862—1893）票号数量变化 ❶

单位：家

帮别	期初实存	新设	关闭	期末实存
平遥帮	9	13	9	13
祁县帮	4	9	6	7
太谷帮	3	2	1	4
太原帮	无	2	1	1
南帮	无	6	3	3
合计	16	32	20	28

太平天国战争后期，京饷北上的交通被阻断，中央政府无法通过之前的装鞘起解运送饷银。1862 年以后，清政府开始允许票号汇兑京饷和协饷，官款汇兑逐渐成为票号汇兑的业务中心，以此为发展的契机，票号逐步加深了与清政府之间的关系。从同治元年（1862）到光绪十九年（1893）的 31 年间，票号共汇兑官款 81 408 180 两 ❷，其中京饷汇兑占据主要地位，1862—1874 年京饷在汇兑官款中占 98.2%，1875—1893 年占 68.65%。山西票号汇兑官款的发展，不仅表现为汇兑京饷占主要地位，而且还汇兑协饷和洋务运动经费及为

---

❶ 黄鉴晖，等.山西票号史料 [M].太原：山西经济出版社，2002.

❷ 黄鉴晖.山西票号史（增订本）[M].太原：山西经济出版社，2002：239.

清政府垫款等。1865—1893 年，票号承汇各省关公款计 78 734 328 两，其中汇往京师 57 087 324 两，内务府经费 2 662 694 两，其他经费 288 574 两。汇往陕、甘、新协饷 4 603 374 两，其他协饷 6 984 027 两；汇洋务经费 6 616 081两。除汇解公款外，票号还大量为清政府垫款。1864—1902 年，粤海关京饷每年平均 59.78% 的款项是由票号垫款汇解的。此外，闽海关、浙海关、淮安关和闽、浙、赣、湘、川等省也都需要票号垫款才能按限解汇。可见，官款汇兑业务量大，资金流量稳定、汇费收入多，给票号带来了丰厚的营业利润，刺激了票号业的发展。

3.1.1.3　汇兑外债赔款后的极盛（1894—1911）

这一时期，票号业务发展达到极盛，一方面表现在票号汇兑公款数量大增，由于 1894 年甲午战争的失败，清政府承担了巨额的战争赔款，山西票号的官款汇兑业务由时禁时汇到完全放开，官款汇兑业务急剧膨胀。在前期1862—1893 年，共汇兑官款 81 408 180 两，年均汇兑 2 544 005 两；而本期1894—1911 年，共汇兑 141 864 475 两，年平均汇兑 7 881 359 两，比前期增长2.1 倍。❶ 另一方面，甲午战争后，国内外商业贸易增长，商业金融市场扩大，票号对传统工商业放款增加，也促进了票号的发展。本期新设票号 7 家，关闭 9 家，期末实存比上期少了 2 家（见表 3.3）。票号尽管在庚子战争之后将其业务发展到了鼎盛阶段，但此时票号经营的危机已经日益凸显。

---

❶　黄鉴晖，等.山西票号史料 [M].太原：山西经济出版社，2002.

表 3.3　光绪十九年至宣统三年（1893—1911）票号数量变化

单位：家

帮别	期初实存	新设	关闭	期末实存
平遥帮	13	3	5	11
祁县帮	7	无	1	6
太谷帮	4	2	无	6
太原帮	1	无	无	1
南帮	3	2	3	2
合计	28	7	9	26

3.1.1.4　民国年间的衰败（1911—1949）

民国年间，在政局动荡及近代银行业的挤压冲击之下，票号无论从数量还是营业范围上都大大缩减。正如刘大鹏在其《退想斋日记》中所言："商号以票庄为最，自辛亥革命以来纷纷倒闭，日多一日，败莫能振，太谷仅留一号，传言债务甚多，平遥、祁县亦皆就颓，且被封锁者数号，盛经之故也。"❶ 1911—1912 年，先后有 23 家票号倒闭、歇业（见表 3.4）。仅剩大德通、大德恒、三晋源三家实力雄厚的票号，残存的票号也在随后陆续歇业或被迫改营钱庄或银号，票号业整体走向衰亡。

表 3.4　宣统三年至民国十年（1911—1921）票号数量变化

单位：家

帮别	期初实存	关闭	期末实存
平遥帮	11	11*	无

---

❶ 刘大鹏. 退想斋日记 [M]. 太原：山西人民出版社，1990：207.

续表

帮别	期初实存	关闭	期末实存
祁县帮	6	3	3
太谷帮	6	6	无
太原帮	1	1	无
南帮	2	2	无
合计	26	23	3

＊其中1916年蔚丰厚票庄改组为蔚丰商业银行。

3.1.2　山西票号的特质

根据对票号发展四阶段的梳理和分析，可以看出从首家票号的问世到其发展成为一种独具特色的重要信用机构；从初期发轫于满足长途贩运贸易对资本融通的需求，到由于战争催化的因素结缘政府而带来发展的极盛，显示了山西票号初期顺应历史发展趋势的诱致性特质。

3.1.2.1　借鉴历史经验

异地汇兑实质是一种商业信用行为。所谓商业信用，就是工商企业的一方以商品形态向另一方提供信用，俗称"商品赊销"。商业信用行为发生后，或者收受信用的一方向提供信用的一方签发汇票约定何时付款，或者提供信用的一方为收受信用的一方鉴发汇票要求付款。商业信用的产生，取决于工商业自有资本与经营所需资本不平衡矛盾。这不仅是因为全体工商业处于自有资本与经营所需资本不平衡的矛盾之中，还因为工商业自有资本量也是不平衡的，表现为有的企业自有资本较多，有的企业自有资本较少。因而自有资本（包括商品）较多的企业资本暂时有余，有的企业自有资本暂时不足；而在一个企业中，由于商品生产和销售的季节性因素，有时资本不足，有时资本有余。因而，在工商业中间，就有了借贷的需求和提供信用的可能性。马克思说过，商业信用的"代表是汇票，是一种有一定支付期限的债券，是一种延期支付的证书"❶。中国的工商汇票在明清时期称之为"会票"，事实上，唐宋时期早已产生相类似的信用证书了。

早在唐代，为了适应商品经济的发展，就产生了因汇兑需要的"飞钱"。但是，有学者认为："飞钱是唐王朝因铸币紧缺，在禁钱出境的特殊环境下的产物，并不是商品经济发展的必然现象，它是一种偶然现象，是官府（各道驻京的进奏院）与商人之间的拨兑，所以维持十数年也就销声匿迹了。"❷ 及至宋朝，在唐"飞钱"汇兑原理的影响下，创造性地产生新的交换模式"会子"和"交子"。"会票"是一种商用票据，其产生最早追溯至明代晚期，清代得以沿用。"会票"是为了解决商业贸易需求异地现金结算与市镇内大额现金转运乏术之间的矛盾而产生的，它以票据结算代替了现金清算，为长途大宗贸易提供了便利。康熙时期商业往来中汇票已经开始出现。这些票据的产生及演变历程既反映了商业汇兑活动的扩大，又为票号的产生奠定了市场条件。

3.1.2.2　顺应金融需求的变化

众所周知，清代康乾时期，是中国封建社会经济发展的鼎盛时期，国内、国际贸易较之前朝有了大幅提升。但是，绵延千年的埠际间运送现银的清算方

---

❶ 马克思资本论：第三卷 [M]. 北京：人民出版社，1976：542.

❷ 黄鉴晖. 山西票号史（增订本）[M]. 太原：山西经济出版社，2002：12-13.

式，愈发难以满足贸易结算的需求，工商业发展亟待拨付方式的改变。据史学家吴承明统计，鸦片战争前国内 7 种商品经济量总价值有 3.8762 亿两，嘉道年间，中英间的贸易值占 60%~70%，1760—1764 年，贸易平均值 144.987 2 万两，在 1830—1833 年增长了十几倍，其中，除了 1800—1806 年进口大于出口外，其余年份中国长期占据顺差地位，深刻地反映出那个时段中国商品经济发展的情形❶。再看中俄贸易，以恰克图贸易为例，1755—1762 年间进出口贸易平均值 71.366 7 万两，1824—1833 年的 9 年间进出口贸易平均值 1 064.202 2 万两，增长了近 15 倍❷。以上史料揭示出长途贩运贸易所需要的货币流通量不下亿两，这样庞大的需求必然与传统的银两运送与拨现方式产生矛盾。

再者，嘉庆年间，农民起义与自然灾荒时有发生，商业贸易环境多不平稳，这自然威胁到埠际间运现的安全，镖局的存在某种程度上缓解了银两兑拨跟运现安全间的矛盾，近人铢庵说："时各省贸易往来，皆系现银运转之际，少数由商人自行携带，多数则由镖局保送。盖沿途不靖，各商转运现银，时被劫夺，而保镖者遇众寡不敌，亦束手无策，故为各商所深优（犹）。"❸但起镖运现资费亦不低。据统计，"其专司急足送银之事者，在天津有全盛与万通等号，而输送者则归于镖局。其运致之费，则随路之远近及事情之不同而各有差别。例如由天津送往张家口，每银千两，至少 40 两，多则 60 两。"❹集此数因，为解决银两调拨与运现安全，票号应运而生。

---

❶ 严中平 . 中国近代经济史统计资料选辑 [M]. 北京：科学出版社，1955：3.

❷ 黄鉴晖 . 中国银行业史 [M]. 太原：山西经济出版社，1994：32.

❸ 瞿兑之 . 人物风俗制度丛谈 [M]. 太原：山西古籍出版社，1997：61.

❹ 潘承锷 . 中国之金融（上册）[M]. 北京：中国图书公司，1908：9.

3.1.2.3　适应技术条件的改善

封建时代，中央政府为了有效控制地方，保障民间舆情、国家政令上传下达能够顺利通畅，往往以都城为中心，开辟辐射全国、四通八达的官道，每隔一段会设有相应的"驿站"和"烽火台"。驿站内遴官主持，配有役夫、铺兵、马匹、草料若干。但是，驿站不理民事，直至18世纪末19世纪初，民间依旧是书信不通。随着社会经济的快速发展，外出经商、做工的人数大幅上升，对于那些长年累月客居外地经商与做工的人，如何彼此通报市场行情和商议决策，怎样把个人状况告知家人并捎寄一些钱粮回去养家糊口，成为多数家庭的要求。民信局的产生与金融业务的来往密不可分。考虑到信局的资本实力（一般来讲，信局每局资本多则二三十万两，少则四五千金❶），其兼营的汇款业务实则是对票号小额汇兑业务的补足。《中国邮政事务总论》云："此类信局与汇钱庄或商号有关，盖此项庄号与各处庄号，均有商业之连（联）系，因其必须办理自身业务往来信函，且为他人呈带信函起见，遂将其办理信函之业务，随其本身所办之商业，逐渐推广至他处，而不知其经办信业事务，已越出本身所办商业之范围，根据此项之办法，由是强固之民信局，随即由是而发展，渐次取得国人信任。"❷而据《民信局发展史——中国的民间通讯事业》中的说法："（票庄）由于营业区域广，除负责本身汇划业务外，亦兼递民信。自光绪末，银行纷设，再加上宣统三年，爆发革命，票号严重亏累，相率倒闭，故民初所剩之少数票号，均兼副业，藉（借）为生机。"❸由此催生

---

❶ 张梁任.中国邮政（上）[M].北京：商务印书馆，1935：13.

❷ 邮政总局.邮政事务总论[M].交通部邮政总局，1921：2.

❸ 彭瀛添.民信局发展史——中国的民间通讯事业[M].台北：中国文化大学出版部，1992：78.

了民信局。日本学者更进一步指出："民信业的经营者，乃票号及钱庄业兼营者为主，有的甚至认为民信局是钱庄业务的一部分。"❶

　　民信局承担起商民通信的艰巨任务，对于传达人情，促进文化交流，沟通商场消息，输送银货等贡献颇巨。民信局与票号业的发展是密不可分的。信局与金融业发展相辅相成，民间交往及金融业的繁荣为信局的产生与普及提供了动力与可能；而信局的发展则迎合了社会交往、工商业发展的需求，极大地降低了金融业的运营成本。由于民信局的支持，票号在产生后迅速发展壮大，到道光七年（1827），"票号已经由京、晋发展到秦、豫、鲁等省。因而北方五省商贾去苏州贩货，盖过去运动数百万两现银为汇兑，这年，苏州市场从秋冬开始多系汇票流通"。❷

3.1.2.4　铸就晋商金融众筹的伟业

　　晋商在发展的过程中为了加强自身力量，减少风险和损失，继而在激烈的竞争中获胜，相继采取"人—人"联合、"资—资"联合、"人—资"联合的合伙制资本组成形式。作为晋商众筹的典型，山西票号的创立过程实则就是典型的"人—资"联合的资本组成和运营模式。这种将资本所有权与经营权分离的资本组成模式逐渐发展成为以东伙合作制为主的股份制，进而在山西票号发展的初期成为一种非常有效的资本组织形式。

---

❶　佚名.中国的金融 [M]. [出版地不详]：日本东亚实进社，1918：249.

❷　黄鉴晖，等.山西票号史料 [M].太原：山西经济出版社，2002.

3.1.2.5 以"诚信为本"的制度模式

票号经营的根基是信誉，这种制度模式体现在其经营的诸多细节中。其中最具代表性的就是票号的"见票即付"模式。汇票写有顾客字号或姓名，其在兑付时实行"认票不认人"的制度。认票，即兑付票款，除非被认定是开票联号签发的汇票，倘若有假，即使抬头字号无讹，也是不付款的。同样，即便汇票抬头是天成号，而万成号持票来取款，只要汇票无假，也照常兑付。这便是票号以信誉为根基的"见票即付"模式的生动体现。山西票号之所以能够"汇通天下"，凭借的就是恪守诚信的信条，也正体现了中国传统文化中"诚信笃实"对山西票号商人的深远影响。

3.2 山西票号利润及绩效分析

票号主要是经营汇兑的金融机构，因此它的利润来源主要是汇费收入、利息收入和平色余利收入。票号的发展与兴衰很大程度上体现在盈利方面。

3.2.1 山西票号主要利润来源

3.2.1.1 汇费收入

票号的主要业务是汇兑，因此，汇费收入是其重要的利润来源。汇费亦称汇水。票号办理汇兑按金额大小、距离远近和根据银根松紧、汇兑之顺逆等情况收取汇费。其汇费没有固定标准，除了上述因素外，由客户与票号面议，有一定升降幅度，因此，汇款人与票号的关系远近对汇费高低有很大影响。一般情况下，距离近，交通便利的通都大邑汇费低，反之则收费高（见表3.5）。

表3.5　蔚泰厚票号1844年京苏间收取汇费情况统计表 ●

道光 24 年	汇出地	汇入地	商号或收款人	汇兑数额/ 两	汇费率 /%		得空期
					共得银	每千两	天数
四月初五日	北京	苏州	公正号	500	3.5	7	30
四月初五日	北京	苏州	集古斋	700	4.6	6.8	40
四月初五日	北京	苏州	同椿号	1500	10.5	7	30
四月初五日	北京	苏州	万全号	1000	6	6	30
四月初五日	北京	苏州	姚宅	520	7.28	14	40
七月十三日	北京	苏州	永发义记	1000	7.5	7.5	35
七月十三日	北京	苏州	福兴号	200	1.6	8	—
七月十三日	北京	苏州	万全号	2000	—	—	—
四月二十三日	苏州	北京	玉盛号	3000	—	—	30
四月二十三日	苏州	北京	复兴号	2000	—	—	—
四月二十三日	苏州	北京	庆恒钱店	700	—	—	—
四月初八	苏州	北京	王兰史老爷	3000	30	10	—
四月十八日	苏州	北京	王兰史老爷	1200	12	10	—
六月初十日	苏州	北京	王晋益号	2700	21.6	8	35
六月十六日	苏州	北京	通元美号	2000	13	6.5	40
七月二十七日	苏州	北京	蒋大人	12 000	120	10	30
八月初二日	苏州	北京	陈云锦云记	2600	14	5.4	30

● 黄鉴晖，等 . 山西票号史料 [M]. 太原：山西经济出版社，2002：715.

在票号的初期汇兑业务中，以服务于商号汇兑为主，服务政府和私人为辅。票号汇费在 19 世纪 80 年代以前，对工商业汇款一般只有四至六厘，高则七八厘，低则一厘多，对个人汇款也不过一二分。19 世纪 80 年代末至 20 世纪初，对工商业汇款汇费普遍上升到二三分，高则七八分，甚至十分以上。从咸丰三年（1853）日升昌票号江西分号汇兑对象中可见，该票号收汇的总额为 181 043 两，其中汇交商号 134 518 两，占到 72% 的比例，汇交清政府官员的仅为 3 713 两，占 2.1%；同年交汇的总额为 174 577 两，其中商号交汇 142 598 两，占交汇总额的 81.68%。（见表 3.6）❶ 可见，为工商铺户提供金融服务，是票号初期经营的主要盈利来源。

表 3.6　1853 年日升昌江西分号汇兑对象统计表

单位：两

收交地区	收汇对象					交汇对象				
	字号	官吏	私人	其他	合计	字号	官吏	私人	其他	合计
山西平遥	8228	—	—	—	8228	42 573	—	—	952	43 525
京师	12 134	1000	1704	—	14 838	10 095	—	435	—	10 530
苏州	31 389	—	2720	7337	41 446	29 082	—	—	—	29 082
扬州	31 389	—	26 086	—	57 475	610	—	6000	—	6610
重庆	14 885	500	—	—	15 385	—	—	—	—	—
广州	1540	—	917	16	2473	58 259	—	20 457	—	78 716
三原	30 472	2213	4032	—	36 717	—	101	—	—	101
汴梁	4481	—	—	—	4481	—	—	—	—	—
汉口	—	—	—	—	—	1979	—	—	3000	4979
常德	—	—	—	—	—	—	1034	—	—	1034
合计	234 518	3713	35 459	7353	181 043	142 598	1135	26 892	3952	174 577

❶　参见《日升昌江西河口分号总结账》《山西票号史料》。

此外，票号汇兑清政府公款的汇费率，明显高于工商汇兑，原因主要是汇出地官府要回扣，汇入地衙门要应酬、行贿，否则必遭刁难。票号因为增加了开支，一方面提高了汇费率，另一方面两地官吏们都可得到好处。从京协饷汇率中可见一斑，"同治三年（1864）福建为8%。广东为4%，浙江4%~4.8%。从同治十三年（1874）开始，福建降为5.3%，直至光绪十五年（1889），福建仍为5.3%，广东3%~3.5%，浙江4%，四川2.5%，福建还是最高的。"❶ 取4.44%为平均值，两者相乘，票号每年汇兑京协饷的总收入为112 953两，以26家当时票号总数的基数，每家票号该项年收益为4344两。因此，票号汇兑公款业务长盛不衰。甲午战争后，债赔款汇兑更是成为票号汇兑的主要款项（见表3.7），为票号带来了红利的快速增长。

表3.7　1894—1911年票号汇兑官款统计表 ❷

单位：两

光绪二十年（1894）	1 660 546	光绪二十九年（1903）	11 035 298
光绪二十一年（1895）	7 526 196	光绪三十年（1904）	4 404 340
光绪二十二年（1896）	5 452 226	光绪三十一年（1905）	20 390 180
光绪二十三年（1897）	436 500	光绪三十二年（1906）	22 576 499
光绪二十四年（1898）	2 939 260	光绪三十三年（1907）	13 674 660
光绪二十五年（1899）	10 731 558	光绪三十四年（1908）	10 302 087
光绪二十六年（1900）	3 646 460	宣统元年（1909）	652 352
光绪二十七年（1901）	4 897 320	宣统二年（1910）	5 857 491
光绪二十八年（1902）	10 243 554	宣统三年（1911）	5 337 939

❶ 黄鉴晖，等．山西票号史料 [M].下部编者说明，太原：山西经济出版社，2002：13.

❷ 同❶：248.

3.2.1.2 得空期收入

得空期是包括汇票和书信传递过程在内的，从收汇款之日起到约定交汇款之日止，银钱在票号停留的时间。在得空期票号可以占用这笔在途资金为其带来利息收入。初期票号的商款汇兑得空期分别有 30、35、40、60、75、80、100 天等多种。期间之差别，与路途之远近成正比，一般来说，收交汇款两地的距离近，则得空期少，远则得空期多。比如北京至苏州，一般空期为 25~40 天，张家口至江西河口镇则需 40~100 天。至于公款又较私款的空期略长。比如 19 世纪 60 年代以后，票号承汇南方一些省关的上解京饷，广州至北京从收汇到交汇规定 90 天，成都到北京为 80 天。票号主要是开展期票汇兑，通过得空期可以扩大资本来源，占用在途资金，是一项重要收入来源。

3.2.1.3 平色余利收入

清代实行银两与制钱并行的货币制度。制钱是计数货币，银两是称量货币。当时，社会上大额款项的计数和过付以银两为准，票号汇兑款项全系银两。称量银两重量的天平砝码，全国各地不一，甚至同一个城市也多种多样。平砝不一，既是封建社会的特色，也是票号开展汇兑业务面临的困难。《记山西票号》一文曾披露："欲知中国内地汇兑，不可不知现今中国货币之现状。盖中国现时尚无一定之货币制度，各省各府县间所用之平，每不相同，各以其习惯上所常用者为标准；甚至同一地方，其货币种量所用之权衡有至数十种者，通国殆不下数千。至于通用之银货，各地皆非一样，此实缘中国各地官私铸造，不归一律，故其纯分乃紊乱至是。中国货币之现状，既如此复杂，故欲由甲地送银于乙地，不可不先考两地间通行之平与通用之银质，此为汇兑市面由起之原因。"为此，各家票号吸收历史经验，设置了各自的天平砝码，简称本平。汇兑前，"先用本号的'砝子'同当地平码校对，得出较本号平码每百两是大若干。或是小若干，记录下来，凭以收交银两，开展汇兑。"这就说明，票号在开展汇兑业务时，是用自置的本平与各城镇周行的平砝做比较，厘清各平与本平间的差量，作为收交银两的准绳，借以维护主客双方的经济利益。票号本平，是其开展业务和会计核算的首要条件。本平制度的建立，对其开展汇兑和存款、放款业务无疑具有重要作用。与此同时，本平也给票号带来超经济收入——余平。余平有两种情形，零进整出余平是正常的，不是超经济收入；而这里是指票号本平与各城镇平砝折合中长余出来的银两。对于票号而言，余平实则是一项隐性收入。余平是怎样产生的呢？以大德恒票号京师分号与祁县总号间的收交为例：

京师收京公砝 1000 两 = 大德恒本平 973 两

祁县交京公砝 1000 两 = 祁公砝 978 两

祁公砝 978 两 = 大德恒本平 971.94 两

余平 = 973 两（收）－ 971.94 两（交）= 1.06 两

余平看似微薄，但考虑到票号交易动辄数百万两，甚至千万两计，这样由汇兑款项而带来的收益数额不菲。

3.2.1.4 利息收入

票号在经营汇兑业务的同时兼营存放款，但票号的存放款业务最初主要是调节资金余缺，以便利汇兑。拆借的业务对象也主要是官僚、各种商号、钱庄等。票号为了保障各项金融活动的正常开展，吸收大量无息或低息存款，"存款分定期、活期两种：定期为三个月或六个月，活期则随时可以支取"。❶存款主要是为汇兑服务，"票庄以汇兑为营业固然，然其所以可以大获胜利者，不仅在汇兑而在存款，存款多则汇兑灵通，汇兑灵通则汇水利息源源而来矣。票庄存款之收储，动辄数百万，且多不计子息，各庄借此以营生业，而获利息，既本少能获利多，复长袖之善舞，此票庄之所以极盛，非他行之所能及也。"得益于与政府的业务往来关系，票号的存款以官方存款为多。"票号存款，悉以公家及私人之大宗款项为多，商家之浮存甚少。""票号之运转资金，除自己资本外，有一般之存款，票号利息必（比）钱庄低廉，商人之存款少，而官款及官吏之存款为多"。❷"户部银行以前，清朝没有国家银行，所有公款，在京则存国库，在省则存藩库。票庄老板与官僚结交私情，便将公款暂存票庄，不得利息。官署所以愿公款寄存票庄，一则因资本充实，没有危险；再则以其汇兑敏捷，一到解款时，一纸公文，则可办妥，官吏私人所得的利益，自然是不小。票庄方面得着这种不付利息的大宗公款，源源而来，可以转借而生厚利，可以调剂市面金融。双方互利，历久不替"。❸根据大量资料的统计，票号存款的利息一般低于钱庄等其他金融机构。对外放款的利率一般并不固定，"盖因存款有余，兼营贷付业，以图利息……由票庄委派经手人，调查市面金融情形，酌定利息，而贷付之"❹。"放款"是对官方、银号或钱庄，它的

---

❶ 陆国香 . 山西票号之今昔 [J]. 民族杂志，1936，4（3）：10-13.

❷ 君实 . 山西票号 [J]. 东方杂志，1917，14（6）：21-29.

❸ 陈其田 . 山西票庄考略 [M]. 北京：商务印书馆，1937.

❹ 黄鉴晖，等 . 山西票号史料 [M]. 太原：山西经济出版社，2002.

利息根据市场银根的松紧而不同，市场银根松是六七厘，如果银根紧就要由一分到一分一二厘。我们可以看出票号在经营存放款业务时，以无息或低息接受存款，根据市场银根松紧，适时以高息放贷而获得大量的利差收入。

3.2.1.5 票号初期的主要盈利来源

票号发展初期以汇兑为核心业务，虽然也兼营存放款，存放款为了汇兑服务。因此初期的主要利润来源是汇费收入及余利收入（见表3.8）。

表3.8 咸丰年间日升昌利润来源比例表 ❶

票号地址	年度	利润来源 / 两			所占比例 /%	
		汇水	平色余利	合计	汇水	平色余利
江西	咸丰三年	1471.85	124.47	1596.32	92.20	7.79
清江浦	咸丰二年	3744.72	1218.52	4963.24	75.45	24.55
苏州	咸丰六年	3340.89	882.02	4222.91	79.11	20.88
合计		8557.46	2225.01	10 782.47	79.36	20.63

由表3.8对咸丰年间日升昌票号三个不同年份和不同地点的利润统计，咸丰三年日升昌票号江西分号利润中汇水收入占比高达92.2%。平均而言，票号80%的收入来源于汇兑，20%来源于平色余利收入。从中我们可以看到票号名实相符的业务结构，即汇兑为主营业务，兼营存放款，并在京师发行小票。

---

❶ 史若民. 票商兴衰史 [M]. 北京：中国经济出版社，1998：139.

3.2.2 山西票号经营绩效分析

3.2.2.1 票号经营前期绩效

由于票号营业的非公开性，统计数字非常缺乏，关于票号实际的运营资本根本不为外人所知，我们只能根据有限的资料做粗略的推算。据《山西票号史料》记载，票号在开办时正本银都不多。例如：日升昌票号开办时，东家李氏投入正本银 30 万两，1 万两为 1 股，共计 30 股。19 家规模最大、影响最广的票号资本加起来只有 194.3 万两，平均每家 10 万两。但随着经营规模的扩大及机制方面的原因，多数情况下其营业资本是大于实际资本的，其中重要的原因是票号不断增加副本等资本。副本是由东家、经理及顶身股伙计分红留存在号内的部分及东家在票号的存款两部分组成。如合盛元票号在 1907 年前后的资本（正本）50 万两，但以公积金和存款形式存入的副本就高达 650 万两。"大德通票号的资本，在光绪十（1884）年改组时，原本十万两，光绪三十四（1908）年，每股倍本二千两，共倍本四万两，合计为二十二万两。"❶可见票号财东为了增强资本实力，不断厚实其资本使实际营业资本远远大于其账面资本。

雄厚的资本规模给票号带来强大市场竞争力的同时，其获利也在不断攀升。19 世纪末 20 世纪初，票号在一个账期每股分红均在一二万两以上，少者也有八九千两。如大德通票号光绪十年（1884）资本只有 10 万两，经过 20 年的发展到 1908 年仅为 22 万两，共 20 股，每股 1.1 万两。每股分红 1888 年

---

❶ 卫聚贤. 山西票号史 [M]. 北京：经济管理出版社，2008：33.

为 850 两，而 1908 年则上升到 1.7 万两。也就说大德通票号在 20 年的时间里，资本由原先的 10 万两上升到 22 万两，增长了 120%；而每股获利则由 850 两上升为 1.7 万两，增长了 1000%。1908 年的年资本利润率高达 38.6%，月资本利润率则高达 3 分多，远远高于当时月息 8 厘和 1 分的利率水平。再如锦生润票号，1903—1906 年的三年间，资本由原来的 3.2 万两上升为 6.4 万两，增长了 100%；红利则由 7 380 两上升为 51 948 两，增长了 603.9%（见表 3.9）。可见，资本盈利的速度大大超过了资本本身增长的速度。

表 3.9　部分票号的利润统计 ●

单位：两

票号名称	账期	资本	红利	账期每股分红	年均净利润
蔚丰厚	1856—1858	30 000	82 499	4661	27 500
蔚盛长	1876—1870	95 480	279 606	8808	69 902
新泰厚	1871—1874	156 800	311 010	7475	77 753
蔚泰厚	1875—1878	136 840	205 694	5502	51 424
蔚丰厚	1875—1878	135 140	214 438	6066	53 610
蔚长厚	1883—1886	—	79 412	2231	19 853
	1887—1890	—	248 476	6545	62 119
大德通	1885—1888	100 000	24 723	850	4945
	1905—1908	220 000	743 545	17 000	185 886
	1922—1925	（300 000）	127 579	—	31 895
锦生润	1903	32 000	7380	—	7380
	1906	64 000	51 949	—	51 949
	1917	90 000	−84 762	—	−84 762

● 燕红忠. 山西票号资本与利润总量之统计 [J]. 山西大学学报（哲社版），2007（6）：121-130.

3.2.2.2　票号经营后期绩效

从 20 世纪 20 年代开始大多数票号经营均出现了亏损，通过其盈利可见一斑（见表 3.9）。如锦生润票号 1917 年就亏损 84 762 两，而 1913—1917 年，累积亏损达 147 088 两。再如大德通票号，1925 年因规模缩小，职工减少，银股和人力股减少为 32.8 股，共获利 127 579 两余，每股分红 3890 两，仅是 1908 年每股分红的 23%，说明票号发展到后期盈利能力大为减弱。

按照杜恂诚的分析：如果一项金融制度是高效且合理的，那么它必然会满足两个条件：第一，金融业本身具有可观的利润率，如果利润率很低甚至为负，那么这种制度就不合理。大范围持续的亏损必然使既定的金融机构解体。第二，金融业与产业保持较为协调的同步联系。如果两者呈明显的不一致，说明金融业服务于产业的功能没有得到充分而高效的发挥，金融制度需要改良。通过上述对票号绩效的分析清晰可见，在数量规模上，票号由兴盛时的总号近 30 家分号近 500 家到 1933 年仅存的 3 家；就票号实力而言，19 世纪 50 年代总资力已达到 5368 万两，清末极盛时则高达 76 741 万两（见表 3.10），若将纸币发行考虑在内，总资力将高达 10 亿两；就利润而言，清末时期（1900—1911）28 家票号利润总量高达 213 万两。而在辛亥革命后的数年间，大批票号却因亏损而歇业倒闭，直至面临着全行业整体衰亡。票号发展的兴衰历程表明随着国内外政治经济环境的变革，作为传统金融业典型代表的山西票号已经不能适应经济发展的内生金融服务需求，充分显示了票号在与银行竞争过程中已不能与经济发展保持动态平衡的内在脆弱性。

表 3.10 山西票号的数量、利润、资本与利润总量 ❶

时间	总号/家	总分号/家	汇票发行量/两	存款总量/两	放款总量/两	总资本（正本）/两	净利润/两	总资力/两
19 世纪 50 年代	15	150	4662	640	775	66	46	5368
19 世纪七八十年代	28	446	11 881	11 396	4859	386	126	23 663
1900—1911 年	26	500	58 866	17 350	12 842	525	213	76 741
1913 年	20	320	—	3617	4542	—	亏损	—
1917 年前后	12	120	—	2757	442	307	亏损	—
1933 年	3	29	—	419	204	78	亏损	—

❶ 燕红忠 . 山西票号资本与业务总量之统计 [J]. 山西大学学报（哲社版），2007（6）：131.

第四章　近代产业的兴起
对金融需求的变迁

　　国家的工业化，是近代世界经济发展与社会进步的主流，对中国而言也概莫能免。随着近代工商业的发展，对金融需求也在不断升级。传统金融业主要依附于传统商业，只能在有限的时间和空间范围内进行资金余缺的调剂，尤其是难以跨越规模上的限制，只是一种简单形式的资源配置。这种金融制度与当时自给自足的农业经济社会结构是相匹配的。当人类社会进入到工业社会时，需要一种与产业组织发展相匹配的金融制度。根据产业和金融业的相互依存关系，金融作用于产业的过程实质上就是将储蓄转化为投资，将金融资源进行跨期和跨地区配置，从而满足工业发展对资本的需求，进而从根本上推动金融业的转型和发展。近代产业规模的不断扩大，不仅增加了对货币资金的需求，而且对金融业务的要求也多样化，使金融与产业的关

系日趋复杂，这在一定程度上带动了近代中国金融机构的转型和金融市场的培育。❶

4.1 中国近代工业发展对金融的需求（1862—1911）

19 世纪 40 年代西方列强的炮舰打开了中国封闭的大门，同时也打破了中国手工业的落后生产方式，拉开了中国近代工业的帷幕。从鸦片战争到甲午战争历经半个多世纪，中国近代工业举步维艰、缓慢发展。尽管到甲午战前，近代工业所取得的成就仍然十分有限，但它对中国近代社会经济的发展却产生了深远的影响。首先，是促进了自然经济的解体。鸦片战争前，中国资本主义萌芽已经产生，在鸦片战争结束以后，列强将大量剩余商品运入中国，致使输华货物成倍上升。洋货充斥严重打击了家庭手工业，突出表现在农村手工纺织业所遭受的破坏。19 世纪 50 年代以后，随着外国商品的倾销和中国农业商品生产的发展，广大农村自然经济结构逐步解体。其次，是促进了国内商品市场和劳动力市场的形成。近代工业所从事的大规模商品生产，需要日益扩大的商品市场。中国自然经济的初步瓦解，是国内市场形成过程中的一个转变关键。外国商品的输入导致中国自然经济的破坏，也使得中国的商品市场扩大。清代后期，外国侵略者与中国签订了大量不平等条约，向中国勒索所谓军事赔款和土地割让，赔款数额越来越大。在掠夺性贸易的破坏下，中国的纺织业者、铁

---

❶ 刘建生，颜冬梅. 金融需求变迁视角下山西票号衰亡及对当代启示 [J]. 经济问题，2018（9）：120-124.

匠、制茶及制糖作坊主等独立手工业者也大批破产。这些破产者有一部分进入了近代工厂和企业中，成为中国第一批产业工人。到甲午战争前，完全被剥夺生产资料的农民和手工业者总数在 1000 万人以上，已成为产业工人的，估计仅约 10 万人，因此中国近代工业在发生时期，存在着广大的劳动力市场。最后，是货币财富的积累和转化为产业资本。清政府在同治、光绪年间，推行保护地主政策，使地主在农村经济中逐步恢复了实力。一部分地主不再用积累的货币去购买土地，新式工业成为其投资对象之一。随着通商口岸的增多和外贸的发展，出现了一批新的经营"洋庄"买卖的大商人，如丝商、茶商等，他们将大量资本投资于近代企业。19 世纪 60 年代后，迅速兴起的买办阶级，将其积累的大量货币资金投资于近代工业，从而转化为产业资本。

4.1.1　中国近代工业的兴起

清政府兴办的近代军事工业是中国使用大机器生产的开端。洋务派创办的军事工业始于 1861 年曾国藩在安庆设立的军械所，它仿造洋枪洋炮，虽以手工业为主，还未全面开启机器生产，但是却开启了李鸿章、左宗棠、张之洞等人创办中国近代军事工业的大门。从 19 世纪 60 年代开始至 90 年代，湘淮系官僚、各省督抚在全国各重要城市创办了大小共 21 家军火厂。1865—1867 年，洋务派分别创建了中国近代早期规模最大的四家军工企业（见表 4.1）。这些军工企业的组织形式主要是采取官办，资本来源大多为海军和新陆军军费和政府拨款，尽管带有浓厚的封建性，但他们通过引进西方先进的机器和生产技术，为近代中国带来了先进的生产力。

表 4.1　1862—1881 年洋务派开办军工企业一览表 ❶

开办年	企业名称	创办人	经营形式
1862	安庆军械所	曾国藩	官办
1862	上海西洋炮局	李鸿章	官办
1864	苏州西洋炮局	李鸿章	官办
1865	江南制造总局	李鸿章	官办
1866	福建船政局	左宗棠	官办
1867	天津机器局	崇　厚	官办
1877	四川机器局	丁宝桢	官办
1881	吉林机器局	吴大澂	官办

　　洋务派官僚在创办军事工业的艰难处境中意识到"必先富而后强"的道理，于是从 19 世纪 70 年代开始，中国的近代工业开始由军事工业扩展到民用工业，服务的领域主要局限于为军用工业服务和提供保障；经营方式也由官办发展到官督商办或官商合办以及完全商办。洋务派兴办民用企业是从航运业开始的，之后扩展到采矿业、炼铁业、交通运输业、电报通信以及利润优厚的纺织工业（见表 4.2）。洋务派创办的民用工业的主要组织形式为官督商办，洋务派提出兴业—富国—强兵，政府拿不出更多的钱来办民用企业，由官僚买办、商人出资兴办，官府督办；1895 年中日甲午战争前夕，商办企业与官办企业数量之比大体为 70%∶30%❷；而资本比例，商办资本仅占 4%，其余 96% 都为官办。

---

❶　陈真，姚洛. 中国近代工业史资料（第 1 辑）[M]. 上海：生活·读书·新知三联书店，1957.

❷　同❶.

表 4.2　1872—1894 年洋务派开办民用企业一览表 ❶

开办年	企业名称	创办人	民营形式	经费 / 圆
1872	轮船招商局	李鸿章	官督商办	2 780 000
1876	台湾基隆煤矿	沈葆桢	官办	195 804
1877	科尔沁山铅矿	李鸿章	官办	6950
1878	直隶开平煤矿	李鸿章、唐廷枢	官督商办	2 055 944
1878	兰州机器呢局	左宗棠	官办	1 390 000
1879	上海机器织布局	李鸿章	官督商办	1 418 203
1880	上海电报总局	李鸿章	官督商办	2 247 352
1881	承德平泉铜矿	李鸿章	官督商办	333 600
1886	贵州青溪铁矿	潘露兄弟	官督商办	417 000
1887	热河银铅矿	李鸿章	官办	417 000
1887	中国铁路公司	李鸿章	官督商办	1 868 855
1889	黑龙江镇和金矿	李鸿章	官督商办	278 000
1890	湖北汉阳铁厂	张之洞	官办	5 560 000
1890	湖北织布局	张之洞	官办	1 342 700
1890	北洋官铁路局	李鸿章	官办	2 446 400
1891	台湾铁路	刘铭传	官办	1 800 050
1894	湖北纺纱局	张之洞	官办	834 000
1894	湖北缫丝局	张之洞	官督商办	111 200
1894	华盛纺织总厂	张之洞、盛宣怀	官督商办	1 118 900

在洋务运动的带动下，从 19 世纪 70 年代开始，中国近代民间兴办企业之风迅速兴起，进而产生了一股对中国近代工业发展具有决定意义的力量——中国民族资本主义工业。1872—1894 年，共创办 100 多家民族资本主义近代企业。甲午战争前投入企业中的民族资本额也有大幅增加，到 1894 年，商办

---

❶ 宁可 . 中国经济发展史（卷 4）[M]. 北京 : 中国经济出版社，1999 : 27.

资本总额约计 610 万两。从行业看，主要分布在缫丝业、纺织业、面粉业、火柴业、造纸业、船舶修造业、机器制造业、采矿业等。

从企业平均资本额度看，纺织业的平均资本额度最大，船舶和机器制造业的资本最小（见表 4.3）。商办企业中轻工业企业占很大的比重。也就是说在中国近代工业发展的初期，民族资本工业主要集中在轻工业，而重工业的比重却很小。从企业分布上看，商办企业主要分布在东南沿海一带，其中以上海和广东最为密集。

表 4.3　1862—1911 年民族资本创办企业情况 ❶

行业	企业		资本（折银圆万元计）			工人	
	个数	占总数/%	资本额	占总资本/%	企业平均资本	人数/人	占总人数/%
纺织业	220	41.5	2206	30.5	10.0	116 182	67.3
粮油加工	84	15.9	1784	24.6	21.8	9634	9.5
火柴肥皂	65	12.3	278	3.8	6.7	16 466	3.0
机器制造	57	10.7	195	2.8	3.7	5140	4.5
电灯公司	31	5.8	604	8.3	19.0	7750	2.2
烟草公司	15	2.8	103	1.4	6.9	3910	1.2
书局印刷	7	1.3	31	0.4	4.4	2083	1.7
玻璃制品	10	1.9	172	2.4	17.2	3000	0.6
水厂	5	1.0	288	4.0	57.6	1000	0.8
电厂	4	0.7	791	10.9	198	1360	0.7
造纸	5	1.0	184	2.5	36.8	1200	0.9
药房	5	1.0	124	1.7	24.8	1585	0.9
其他	22	4.1	486	6.7	22.1	3200	1.9
合计	530	100.0	7246	100.0	13.7	172 510	100.0

❶　王天伟 . 中国近代产业之路 .[M]. 天津：天津科学技术出版社，2011：31.

甲午战争前的二十余年时间，是中国民族资本经营近代工业的初期阶段。与一般资本主义国家不同，中国近代资本主义工业有其独特的道路，即它并未经历简单协作、手工业工场、机器大生产这三个紧密连接的阶段。鸦片战争后出现的机器大工业，并不是中国封建社会中工业领域里的资本主义萌芽的发展和扩大，而是外国资本入侵的结果。中国近代民族资本工业初期经营，是从轻工业和小规模的采矿业开始的。从轻工业的经营开始，符合资本主义发展的一般规律，因其所需资本少、建设时间短、资金周转快、易获得较高利润。民族资本工业初期的分布非常集中，上海最多，广州次之，其余多建立在通商口岸及其附近地区。在这些地方开办近代工业企业，具有各种便利条件，如交通运输比较便捷，购买原料和销售产品都比较方便等。在生产工具和生产技术方面，中国近代工业在发展时期，采用了西方已有的成果，但是它与中国固有的手工业发展水平也有密切联系。

4.1.2　中国近代工业初始时期的资金来源（1862—1894）

在中国近代工业发展分期上大致有二期、四期和五期分法。许衍灼在《中国工艺沿革史略》中将其分为：第一期，从同治元年到光绪二十年，为官督商办时代；第二期，从光绪二十一年到二十九年，为外人兴办时代；第三期，从光绪三十年至宣统三年，为国人兴办时代。日本人安原美佐雄在《中国之工业与原料》中，基本赞同这种划分，加上了第四期，辛亥革命后的自觉的发展时期（即主动发展时期）。陈真、姚洛收录的《中国近代工业史资料》，则将近代工业发展分为五个时期：第一个时期，同治元年至光绪七年，为军用工业时期；第二个时期，光绪八年至二十年，为官督商办时期；第三个时期，光绪二十一年至二十八年，为外人兴办时期；第四个时期，光绪二十九年至宣统三年，为政府奖励及权力回收时期；第五个时期，民国元年至民国十年，为自由发展时期。

无论采用哪种分类方法，我们都可得到同样的结论：在近代工业发展的初始时期，工业资金来源主要是官僚资本。清政府中的曾国藩、李鸿章、左宗棠等一些洋务派官僚，受到外资在华企业高额利润的引诱，利用其垄断性职务特权及国库资金的便利，创办并控制了中国最早的一批近代军事工业企业。在当时创办和经营的近代企业，都必须有封建特权最为依靠，因此官僚资本的支撑是非常重要的，否则这些近代企业是很难存活和发展的。如洋务派首脑李鸿章，在镇压太平天国和出卖国家权利过程中积累了大量财富，其中大部分投资于几个最著名的近代企业，如招商局（轮船公司），电报局、开平煤矿、中国通商银行等都有其大量的股份。中国通商银行创办者盛宣怀，也是以经营洋务派所办各种近代企业而致富的。如他经营的华盛纺织总厂、汉阳铁厂、汉冶萍公司等。此外，鸦片战争以前，中国的盐商、粮商等从事传统商业的大商人，由于从事垄断贸易，积累了大量的货币财富。这些大商人通过各种方式，投资于近代工业。

从组织形式上看，中国早期的近代工业在甲午战争以前，几乎所有较为重要的企业，都是官办或官督商办。洋务运动创办之初的军工企业基本都是由官府出资的官办企业，其资金主要来源于海军和陆军军费和政府拨款。当洋务派进一步提出兴业—富国—强兵政策，但是政府的资金有限不能出资兴办民用企业，则开始采取官督商办，即由官僚买办和商人出资，政府给予行政或经济上的扶持，这种形式源于唐以来历代封建政府的招商政策，是中国近代工业发轫时期特殊环境的产物。郑官应在《盛世危言》中对此做了较好的诠释："全恃官力，则巨费难筹，兼集商资，则众擎易举。然全归商办，则概或至阻挠；兼倚官威，则吏役又多需求。必官督商办，亦不得分为诛求；则上下相维，二弊俱去。"❶ 1895 年中日甲午战争前夕，商办资本仅占 4%，其余 96% 都为官办，这种资本结构上的官强商弱现象一直持续了一百多年。

从初创时期的工业生产水平来看，就绝大部分行业而言，还是简单机器生产和手工生产并举，生产水平很低。如火柴业基本仍采用手工生产，棉织业虽已全部使用机器，但大多采用木轮织机。就棉织业全行业说，仍然处在机器大工业水平之下，其性质只能算是较高水平的工场手工业。因此，鉴于这些特点，中国初创时期的近代工业对金融业融资的需求还没有充分凸显，传统金融机构仍然主要服务于其固有的传统商业的细分领域，在相当长的时间存续并继续发展。近代工业的兴起真正的发端始于 1895 年之后民族工业的兴起。

4.1.3　中国近代工业初步发展对金融需求（1895—1911）

甲午战争的失败，《马关条约》的签订使外国列强获得了在华投资设厂的权力，民间放开商办、设厂救国的呼吁给清政府以巨大压力，中国社会民族危机进一步加深。在国人"换回权利，提倡工商"的呼声下，迫使清政府"反省"过去洋务运动的兴业方针、变法维新之声日益强烈。维新派首领康有为

---

❶　郑官应. 盛世危言·开矿（上）[M]. 郑州：中州古籍出版社，1998：378.

发起"公车上书",提出富国六法,建议设官银行、铁路的兴筑付于民办、机器制造和轮船航运"纵民为之,并加保护"、整顿矿务、自铸银钱、设立邮政。并进一步提出要"以民为本",行养民之法,务农、劝工、惠商、恤穷、教民,振兴商务。要求放开民间资本办企业的管制政策。光绪二十一年(1895),清朝政府提出了"以养饷练兵为急务,以恤商惠工为本源"的基本政策。清朝末年,政府围绕这一基本政策,清政府通过振兴工商业、制造新法规、实施新要政等方面实施兴产富国举措。

甲午战争后中国近代工业的发展主要表现在两个方面:一是官僚资本工业有了新的发展。军事企业新建扩建者不断增加,甲午战争前清政府创办的江南制造局、金陵机器局、天津机器局、马尾船政局等十几个军事企业,不但继续存在,有些企业还有所扩充。如在 20 世纪初期湖北枪炮厂"制造日多,用费日增"❶。由当时的直隶总督兼北洋大臣袁世凯创办,设于山东德州的北洋机器局,就有 12 个厂,可谓规模宏大。官僚资本在民用工业方面的经营,也比甲午战争前有所发展。甲午战争后到第一次世界大战前的 20 年间,共设立资本额在 1 万元以上的新式工矿企业 549 家,其中官僚资本投资兴办的企业 86 家,资本额为 2949.6 万元,占到新增工矿资本额的 25%。采煤业中官办、官督商办、官商合办的煤矿的资本额约占煤矿工业资本总额的 50%❷。1895—1911 年,国人投资开设的资本在 1 万银圆以上的厂矿共约 500 家,其中官办45 个、官督商办的 3 个,官商合办的 31 个,官办招商集股的 6 个,其他 400余个均为商办。资本在 10 万银圆以上的厂矿约 240 余个,其中官办的 23 个,

---

❶　汪敬虞. 中国近代工业史资料(第 2 辑上册)[M]. 北京:科学出版社,1957:429.

❷　同❶:869-919.

官督商办的 2 个，官商合办的 18 个，官办招商集股的 3 个，其余 190 余个均为商办❶。但此时由于清政府产业政策的转变及没有足够的资金来扶持和开办企业，官督商办或官商合办的企业的投资来源也基本是民间资本。

二是民族资本工业的发展。甲午战争之后，在清政府的一系列产业政策有利地推动下，民族资本工业日渐成为中国近代工业发展的主导力量。首先在数量和规模上，1895—1913 年的 18 年间，商办企业设立了 463 家，资本总额为9080.1 万元，平均每年设立 25.7 家，平均投资为 504.45 万元。这一时期的平均每年设厂数是甲午战前每年设厂数 2.4 家的 10 倍之多，而资本额是甲午战前的23.7 倍（见表 4.4）。从行业上看，这一时期的商办工业仍然主要为轻工业，以棉纺织业、面粉业、卷烟业、火柴业等为主，同时也扩展到了食品、榨油工业、日用化工、文化用品等行业，轻工业体系逐渐完善。在发展轻工业的同时，商办工业开始涉足重工业、矿冶业、交通领域等，对资金需求量逐渐增加。

表 4.4　商办民族工业发展情况 ❷

年代	合计		商办			官办和官商合办		
	设厂数/家	资本/万元	设厂数/家	资本/万元	资本所占比重/%	设厂数/家	资本/万元	资本所占比重/%
1872—1894	72	2089.3	53	469.7	22	19	1619.6	78
1895—1913	549	12 029.7	463	9080.1	75	86	2949.6	25

一般从西方发达国家的情况看，商办企业发展所需资金来源一方面是自有资金，更主要的一方面则是借入资金。根据对 1932—1939 年上海、江苏、

❶ 陈绍闻，郭庠林.中国近代经济简史 [M].上海：上海人民出版社，1983：30.
❷ 中国人民大学政治经济学系.中国近代经济史 [M].北京：人民出版社，1978：224.

浙江、山东、安徽、湖北、河南、河北、山西等省的 10 个行业 100 多家企业的资本构成情况的统计，借款是近代企业的主要资本来源。

表 4.5　1932—1939 年 100 家企业的资金来源 ❶

资本等级	企业数 /家	自有资本		借款及存款		总额 / 元
		金额 / 元	百分比 /%	金额 / 元	百分比 /%	
300 万元以上	24	184 302 146	59.76	124 129 983	40.24	308 432 129
100 万 ~300 万元	31	56 977 706	62.33	34 440 045	37.67	91 417 751
50 万 ~100 万元	22	15 114 091	50.07	15 071 933	49.93	30 186 024
50 万元以下	23	5 812 824	54.38	4 876 572	45.62	10 689 396
合计	100	262 206 767	59.49	178 518 533	40.51	440 725 300

由表 4.5 可见，在近代企业的资金来源中，借款及存款占到很重要的比例。而借入资金的来源主要是商业信用、银行放款、公司债券等形式。在当时证券市场发展很不完善的情况下，企业发展必然借助银行的放款。再从资本规模上看，钱庄的资本只有 3 万 ~5 万两乃至不足万两 ❷，票号的资本规模也非常有限，大德通票号光绪十年（1884）资本只有 10 万两，经过 20 多年的资本滚动，到光绪三十四年（1908）仅为 22 万两。❸ 甲午战争后，票号的资产负债业务有了较大发展，由于缺乏全面的统计数据，根据局部资料的粗略估计，1911 年天成亨等 14 家票号的存款总额约 3 428 823 两，贷款总额约 33 459 724 两 ❹,平均每家存贷款额分别是 2 456 344.5 两和 2 389 980.3 两。据

❶　王宗培 . 中国公司企业资本之构造 [J]. 金融知识，1942（3）：17-18.

❷　中国人民银行上海分行 . 上海钱庄史料 [M]. 上海：上海人民出版社，1978：14.

❸　黄鉴晖 . 山西票号史（增订本）[M]. 太原：山西经济出版社，2002.

❹　同❸.

不完全统计，到 1895 年年底全国共有 108 家各类工业企业，资本总额 18 200 余万元 ❶，平均每家资本 1 685 185.19 元。因此，产业发展所需巨大的资金缺口需要其他金融机构给予补充。

4.1.4 近代民族资本工业融资个案分析

荣氏家族企业是近代中国最具代表性的近代民族工业，其先后建立了茂新、福新、申新等公司企业系统。在其逐渐扩张过程中，融资问题是影响其发展的一个关键因素。荣氏企业集团通过开设钱庄、自设茧行首先完成了实业投资的原始资本积累，为其创立企业提供了必不可少的资金支持。随着企业经营规模的不断扩张，企业自身的资本积累已经不足以满足资金的需求，扩展资金来源的金融需求日益凸显，金融借贷就成为重要的渠道。从表 4.6 可见，荣氏企业之一的福新公司借入资本在资产总值中的比重逐年增加，甚至在有的年份高达 73%。

表 4.6 福新公司的借入资本及其分析 ❷

年份	自有资本		借入资本		资产总值 /千元	借入资本占资产总值的百分比 /%
	金额 / 千元	百分比 /%	金额 / 千元	百分比 /%		
1913	40.00	43.4	52.01	56.6	124.10	41.9
1916	51.93	14.3	310.36	85.7	420.00	73.2
1920	2936.91	52.1	2697.87	47.9	7067.38	38.2
1923	2968.14	35.2	5468.05	64.8	8630.76	63.4
1925	3084.43	34.5	5847.16	65.5	11 376.41	51.4

❶ 中国人民银行上海分行金融研究室 . 中国第一家银行 [M]. 北京：中国社会科学出版社，1982：14.

❷ 上海社会科学院经济研究所 . 荣家企业史料（上册）[M]. 上海：上海人民出版社，1980：274.

借入资本的主体来源是中国银行和上海储蓄银行提供的贷款，诚然，荣氏企业投资银行的背景为其向银行进行资金的融通提供了便利，但更为重要的是近代企业大额、持续的资金需求是传统金融业所难以承受的。如上海储蓄银行 1930 年和 1931 年对荣氏企业的贷款分别是 340 万元和 536 万元，分别占借款总额的 12.1% 和 16.7%（见表 4.7），而且表中数字仅统计的是总公司出面承借的部分，不包括各厂向银行的借款。1934 年对申新各厂的贷款是 1265 万元。❶ 1933—1934 年钱庄向申新公司提供的抵押贷款总额是 163.9 万两 ❷，钱庄和近代银行业信贷能力的对比从另一个角度可以佐证传统金融业在扶持近代企业发展中的局限性。

表 4.7　茂、福、申新总公司向银钱业借款的增长
及上海、中国两银行在借款中所占比重（1929—1931）❸

年份	总公司向银钱业借款余额		其中：借自			
	金额 / 千元	指数（1929 年 =100）	上海银行		中国银行	
			金额 / 千元	占总额 /%	金额 / 千元	占总额 /%
1929	18 730	100.0	486	2.6	694	3.7
1930	28 223	150.7	3403	12.1	3208	11.4
1931	32 112	171.4	5361	16.7	4347	13.5

❶　上海社会科学院经济研究所 . 荣家企业史料（上册）[M]. 上海：上海人民出版社，1980：273，529.

❷　马俊亚 . 混合与发展——江南地区传统社会经济的现代演变（1900—1950）[M]. 北京：社会科学文献出版社，2003：216.

❸　同 ❶.

4.1.5　近代商业发展对金融需求的变革

工业的发展必须借助商业、金融业等环节实现生产资本的循环运动，因此近代工业的发展必然会带动商业的相应发展。鸦片战争以前，中国的传统商业主要是作为封建小农经济的补充，从事国内埠际间贸易和零星的城乡贸易，主要是满足社会的消费需求。随着英、法的侵入和资本主义国家的商品倾销和原料掠夺，中国传统的商业活动不得不随之发生极大变化，从而导致了传统商业向近代商业转化。传统商业和近代商业具有明显的区别。首先，传统商人资本进行交换的两极是小生产者而不是产业资本，它是独立于生产者外的商业资本形态；近代的商人资本则从属于产业资本，已成为产业资本在生产过程中的一个组成部分的职能资本，因而其进行交换的两极或者两方都是产业资本家，或者是产业资本家与直接消费者。其次，传统商人资本的利润主要来源于买卖同一商品的价格差额；近代商人资本利润则是产业工人所创造的剩余价值的一部分。最后，传统商人的商业利润主要转化为商人资本、投资土地进行回流和进行封建性的消费，而近代商人则倾向于将盈利用于扩大经营规模或投资近代企业。

甲午战争后随着近代民族资本工业的发展，近代新式商业开始逐渐扩大国内商品经营的比重，而且还出现商业资本创设新型工业的趋势，主要表现在以下几个方面。① 商业与产业的联系日益密切。鸦片战争五口通商以后，伴随着外国资本主义在华市场的开拓，外国洋行的存在巨大的活动能量，促使中国传统商业资本的投资方向开始发生转变，逐渐从流通领域进入生产领域，转化为产业资本。据统计，1914—1922 年，在棉纺、面粉、轮船等几个重要的工业行业投资中，商人的资本已经占到 54% 以上。❶ ② 商品流通数量增加。近代商业发展迅速，贸易规模快速增长，商品货币流通范围扩大，货币数量增加，引致金融市场日益扩大。关于近代中国市场商品量的统计与估算，以吴承明的研究最具代表性。在吴承明的统计和估算中，市场商品量主要包括国内生产的商品和进口商品两部分。鸦片战争前市场中国流通的商品除盐、铁等专卖品之外，大多流通的是农产品和家庭手工业品，如粮食、棉花、丝、茶叶等。由于受到季节性因素的限制，当时商品的流转速度大约为一年一次。因此每年市场商品商和货币流通量大体是相等的。1840 年的商品量为 5.25 亿两，货币量为 5.16 亿两左右。到甲午战争后，由于洋货进口的增加及近代工业的逐步发展，国内市场的商品量也开始快速增加，1894—1908 年的平均增长率达 4.02%（见表 4.8 和表 4.9）。1908 年的市场商品量达到 21.99 亿两，而当时的货币流通量则为 15 亿两左右。20 世纪初市场发育则更是迅速，1908—1920 年商品量的平均年增长率达到 10.46%。由于受到世界性大危机和经济萧条的影响，1936 年商业资本的周转速度有所降低，国内市场的商品流通量达到 127.71 亿元。③ 商业资本总量增加。据统计，1920 年全国商业资本总额约为 23 亿元，是工业资本的 3 倍之多。❷ 商业资本的扩大为民族工业的发展积累了资金。④ 贸易值的增长。根据海关的统计，1864—1936 年，中国的进出口总值由白银 94 865 000 海关两增加为 1 057 308 000 海关两，72 年间增加了 10 倍。如果以进出口最多的 1931 年计算，该年贸易总值达白银

---

❶ 旧中国的资本主义生产关系编写组 . 旧中国的资本主义生产关系 [M]. 北京：人民出版社，1977：23-24.

❷ 许涤新，吴承明 . 中国资本主义发展史（第二卷）[M]. 北京：社会科学文献出版社，2007：1073.

2 342 965 000 海关两，则比 1864 年增加近 24 倍 ❶。

表 4.8　国内市场的商品量 ❷

单位：规元亿两

年份	1840 年	1869 年	1894 年	1908 年	1920 年	1936 年
国内生产商品	5.25	8.53	10.86	17.60	64.05	116.55
进口洋货净值	—	0.75	1.81	4.39	8.49	11.16
全部商品	5.25	9.28	12.67	21.99	72.54	127.71

表 4.9　商品量的年平均增长率

单位：%

时期	1840—1869 年	1869—1894 年	1894—1908 年	1908—1920 年	1920—1936 年
国内生产商品	1.69	0.97	3.51	11.37	3.81
进口洋货净值	—	3.59	6.53	5.65	1.72
全部商品	1.69	1.25	4.02	10.46	3.60

　　可见，在近代工业发展和对外贸易的推动和影响下，催生了对金融业需求的转变。传统商业主要采取的是独资或合伙制的资本组织形式，其资金来源除了部分自有资金之外，主要是由传统金融机构如票号或钱庄进行借贷，或者通过卖方向买方赊欠的方式提供商业信用。而近代商业作为新型的商业组织，它们经营的规模较大，营运中所需的资金量较大，而且经营风险也很大，传统金融业的信用方式很难支持近代商业的发展。因此随着市场对金融的需求不断增长，传统金融机构开始转型。

❶　王玉茹.制度变迁与中国近代工业化 [M].西安：陕西人民出版社，2000：333.

❷　吴承明.中国的现代化：市场与社会 [M].上海：生活・读书・新知三联书店，2001：303.

4.2 金融需求变迁下传统金融机构的发展与调整

随着民族资本工业和新式商业的发展，工商企业的资金融资需求越来越旺盛，但与此同时，晚清在中国金融体系中占主导地位的仍然是典当、账局、钱庄、票号等传统金融机构。

4.2.1 传统金融机构的发展

4.2.1.1 典当

典当业是中国最古老的传统金融机构，是按借款人提供质押品的价值打折扣贷放现款，定期收回本息的特殊金融机构。典当不像钱庄和票号是从商业资本中分离出来，而是于南北朝时期由寺院首创，后来逐渐发展为信用机构，并转化为一种生息资本。南北朝时期是我国封建社会经济发生变革的时期，这一时期商品经济得到很大发展，出现了大量贫商、小手工业者及贫苦农民，一方面聚集了大量钱财，另一方面缺乏资金，这就需要一种中介来解决这一矛盾，于是作为专门从事抵押放款的金融机构——典当业就应运而生了。

典当业在古代一直发达，明朝亦然。明朝的当铺已很普遍，其资本额从千两到万两不等。1621—1627年，明政府向当铺征税，照本钱数纳税 1/10，征银 20 万两，可见当时典当资本约为 200 万两，典当铺数量不少。清代仍是很重要的信用机构，无论从资本额、铺数，还是规模、类型，典当业的发展势头都是空前的，为以往历代难以比拟。随着当铺资本的增加，其业务也相应得到扩展，不但有抵押放款的交易，还接受存款，有不少地方的公款都交与当铺，以生利息，可签发钱票或银票。信用好的当铺，其钱票可以在市面上流通，充当货币支付手段职能。银票则相当于本票性质的一种金融工具，即相当于定期付现的期票，应存户的请求而发。这种银票发展到后来，存户可以直接签发，这时其又具有了支票的某些功能，可见典当业是重要的信用机关。

典当业在清代中期达到鼎盛，鸦片战争后即走入下坡路，其衰落早于票号与钱庄。在清末政局动荡和经济不景气的巨大冲击下，到光绪十四年（1888），全国当铺除北京以外"约共七千数百余庄"❶，北京"当行京乡二百余家"❷，总共约7500家，已经不到嘉庆十七年（1812）的1/3。根据1912年农商部的调查，1911年年底全国登记的当铺仅有4000余家❸。

典当业的衰落除了受政治和经济因素的影响之外，新式金融机构的替代也是重要原因之一。其一，从业务范围来看，当铺的经营业务不仅有小额抵押放款和信用放款，还接受官款、社会性基金及民间和商人的款项。但到了近代，由于银行等金融机构的出现，大量官款及绅商的款项存放当铺的历史传统被打破，大批款项存入银行而不存当铺了，这既缩小了当铺的营业范围又使其流动资金匮乏。而且当铺放款的用途主要是满足个人消费的货币需求而不是满足生产经营的资金需求。其二，从资本规模来看，典当是一种依托实物将钱出借的信用方式，主要是以一种小规模的社会活动而存在。而新式

---

❶　刘锦藻.清朝续文献通考（影印）[M].卷四七.杭州：浙江古籍出版社，2000.

❷　李华.明清以来北京工商会馆碑刻选编[M].北京：文物出版社，1980：111.

❸　农商部总务厅.第一次农商统计表[Z].北京：农商部总务厅，1914：267.

金融机构则不论从经营业务还是资本来说都是一种规模较大的金融机构。其三，从其内部经营管理体制来看，典当业缺乏创新的经营意识，一味抱残守缺，恪守传统的经营模式，以致逐步丧失市场的适应能力和竞争能力。其四，从其外部约束机制来看，到了清末民初，由于动乱的社会经济环境，使典当经营的制度环境发生了剧烈的变动，而以政府治理为内容的有效的"第三方实施"没有很快建立起来，致使其逐步走向衰落。

4.2.1.2　账局

账局又名账庄，大约产生于清代雍正、乾隆之际，是一种专门办理放贷取息的信用机构。创办账局以山西籍居多，据清末的一份资料记载，当时京城存在的账局中，创办最早的一家名为"祥发永"，是一位名叫王庭荣的山西汾阳籍商人，出资白银 4 万两，于乾隆元年始建于张家口城。由此而知，账局的产生，最迟不晚于乾隆元年（1736），甚至还在此前。在清代中叶北方地区的金融市场上，账局是一支举足轻重的金融力量。

账局作为一种信用机构，其主营业务是为工商铺户提供资金融通，并在北部贸易中发挥重要的作用。明清之际北方贸易主要以张家口为中心，作为对蒙防线上的关口，张家口成为中俄贸易交往的重地。作为中俄贸易的地点远在中亚腹地，恰克图距张家口有 500 千米之遥，自张家口至恰克图，每一往返，仅途中运输就需时至少半年，如果再加上从中国腹地组织货源，或将俄国货物在中国腹地销售以及其间的运输过程，贸易商的经营周期，便被大大延长。随着经营周期的延长，势必是垫支资本的增加，如此对自有资本不足的贸易商而言，只有两种选择：或者缩小经营规模，或者向金融业寻求借贷支持。而"旅蒙贸易"乃至中俄贸易中的优厚利润，使得后者成为更佳选择。因此便催生了对应的服务机构的产生，账局适时填补了金融业的空白。

账局主要是山西人开设和经营，在《清户部档案》中记录的 52 家账局，山西人开办的就有 34 家，占到 65.4%，由山西籍经理经营的更是高达 49 家，占到 94.2%。1853 年在京城开设的 268 家账局中，山西籍开设的 210 家，而在这 210 家山西商人中，介休商人达 118 家，平遥商人 21 家，其余为孝义、汾阳、灵石等县商人，共计 71 家。

总体而言，账局主要是根据借款人的信誉和经营水平进行信用放款，故其经营的风险较大。随着社会的不断发展，金融行业的竞争愈演愈烈，从咸丰末年到民国初年，账局进入了衰退期。账局衰落的首要原因是其资本规模有限，直至清末每家平均资本只有 2 万多两白银，资本额相对集中，而且账局没有完全从商业资本中分离出来，依旧是经营商业和银行业混合的经济组织。受到当时通信条件的制约，没有设立分支机构，从而也没有在汇兑领域开展业务，只经营存放款两项业务。另外，资本规模的局限决定了账局信用的不稳固，制约其拓展存款等负债业务的能力，而不能通过负债业务吸收社会资本，也就导致其不能扩展资产业务，注定了账局在近代工商业发展中发挥的信用中介作用非常有限。

4.2.1.3　钱庄

钱庄产生于货币兑换需要，是我国重要的传统金融机构之一。钱庄的兴起，约可追溯到明代嘉靖年间。早期的钱庄非常简陋，只是在市集中摆桌设摊，以满足交易者的临时需要。明清两代采用的货币制度，都是以银两、制钱为平行本位，大数用银，小数用钱。早期钱庄的主要业务是从事银两和制钱的兑换。所以在清初的文献中，习惯称钱庄为"卖钱之经纪铺"❶。我国的货币兑换商从 15 世纪末到 16 世纪初被称为"钱肆"，到 17 世纪 40 年代被称为"钱桌"，大约经历了 70 年的时间，即在雍正、乾隆之际（1730—1740），始被称为"钱铺"或"钱庄"，开始有了铺面。

随着商品经济的发展，钱庄业也有了相应的发展。从清朝康熙年间至道光十年（1830），北京先后开设的钱铺共有 389 家❷；上海的钱庄远在清乾隆年间已经成为一个具有相当规模的独立的行业。大约到乾隆中期以后，由于商品货币关系的发展，钱庄业逐渐在银钱兑换的基础上发展成为从事信贷活动的机构。据有的记载称"当时钱庄放款利率一般不到一分"❸。此外，钱庄钱票的使用和流通也标志着信贷活动的发展。钱票是一种信用票据，由钱庄、银号发行，并由其支付一定金额的票据。它代替现金在市面上流通，起到支付和流通手段的作用。如在直隶境内，钱票流通已成通例；而省内商业比较发达的城市，也存在着不同地区钱票交换和流通的现象。咸丰九年（1859）上海钱业在重整旧规时指出："上海各业银钱出入行用庄票，百余年矣。"❹这表明上海的商品交换早在乾隆二十年（1755）前后已经可以通过钱庄签发的票据成交。尤其值得一提的是，到乾隆四十一年（1776）上海已经成立了钱

---

❶ 参见张廷玉.皇朝文献通考（第 13 卷）.钱币 1.第 4969 页.

❷ 参见工部尚书兼管顺天府尹事务张祥河等奏（咸丰几年九月十六日）.清代钞档.中国社会科学院经济研究所藏。

❸ 彭信威.中国货币史[M].上海：上海人民出版社，1965：952.

❹ 中国人民银行上海市分行.上海钱庄史料[M].上海：上海人民出版社，1978：20.

业公所，当时由实源隆、三泰源等 25 家钱庄承办公所事务。其后 20 年中，承办公所事务的钱庄先后有 106 家，而且从 1797 年的碑刻中还可查阅到当年掌管公所事务的董事名录。成立钱业公所是为维护同业利益服务的。这一事实本身足以说明上海钱庄业的发展水平已达到较高程度。

4.2.1.4　票号

票号作为中国传统金融机构的典型代表，在中国金融史上具有重要的地位。本书第二章中已对票号的兴衰进行了简要介绍和分析，在此不再赘述。

4.2.1.5　传统金融机构的基本特征

（1）与商业关系密切，依附于传统商业。典当、钱庄等金融机构的产生与发展，最初都源于当时币制混乱之下的货币兑换需求。随着国内商业的发展，账局、票号次第产生。账局是北方陆上贸易发展的产物。而票号则是在商号的基础上直接转化而来的，纯粹是国内商业贸易发展的产物。可见，传统金融业发展的基础和引擎是商业而非产业的发展和兴旺。

（2）资力较小，服务功能受限。钱庄和票号等传统金融机构一般采用独资或合伙的组织形式，并实行无限责任制。其资本规模一般都比较小，如在传统金融业中占据重要地位的票号每家资本平均起来也仅有 20 万余两，由于资力的有限，导致传统金融业存在信用不稳固、服务功能不健全，服务能力有限等缺陷。

（3）发育不健全，专业化程度低。由于在传统金融机构存在的相当长时期内，中国的经济商品化程度依然很低，极大地限制了金融机构的专业化发展。

上述的传统金融机构尽管都在不同程度上办理某些信用业务，但它们还不是专业化的信用机构，主要是与商业有关并兼营信用业务的货币兑换机构。

4.2.2 传统金融机构的适应与调整

金融机构的演变，既符合由简单到复杂，由低级到高级的一般演进过程，也满足制度变迁的基本规律。商品发展的低级阶段，市场对金融机构的经营范围、业务能力要求较低，只需解决货币与资金流通和支付清算等基本金融问题，此时，金融市场只是简单少量的金融交易活动，初级金融机构即可满足金融需求；随着经济发展的商品化和货币化程度不断提高，金融规模日益扩大，亦产生了众多复杂的金融需求，需要新式金融机构提供更大量的金融业务、更多品种的金融工具，才能满足社会大众对融资的需求。19 世纪 60 年代近代工业产生、资本主义生产关系不断扩大后，工商业融资的需求日益旺盛，传统金融业也尝试适应市场金融需求，投资于近代工业。

4.2.2.1 山西票号尝试与近代工业资本融合的失败

19 世纪 90 年代初，鉴于票号居于银行业的重要地位，开始给洋务派企业汇划经费和提供借款，支持机器工业的发展。如 1874 年，左宗棠设立的福州船政局（又名马尾造船厂），船厂除开办费外，日常所需经费由闽海关供给。当送聘用法国人员回国共需银 15 万两，要闽海关筹拨。闽海关因税款不敷，于 1874 年 1 月 29 日，向福州阜康票号挪借 8 万两❶，才送法国人启程。再

---

❶ 参见清档：福州将军李鹤年同治十二年十二月二十七日奏折。

1872 年,李鸿章设立的一个民用工业——轮船招商局,据统计,1877—1879 年,共借华、洋商款 3 149 000 两,其中华商占 55.23%,洋商占 44.77%。❶ 1887 年,以李鸿章为后台的中国铁路公司修筑津沽铁路,由于资金的短缺,也向票号提出了借款的需求。❷ 同年,云南天顺祥票号承担了云南铜矿的招股业务,"分赴川、广、汉口、宁波、上海等地招股"❸。由此可见,在当时的历史条件下,票号或多或少地都要为洋务派军事工业和民用工业提供资金的支持。但票号对洋务派的资金支持都不是积极参加的,而且洋务派创办工业的主要形式是官办或官督商办,也没有把票号作为金融上的主要后盾。正如刘建生在《山西近代经济史》一书中指出,洋务运动之时,山西票号未能把握住为近代工业融资的大好发展良机,原因有很多方面:票号业的业务优势一直是汇兑,而高额的汇兑利润使票号商人欲罢不能;在管理制度方面,票号一直固守的无限责任制禁锢了财东创办近代工业的投资热情等。因此,从这个角度上看,票号早期未能直接参与洋务派经营的近代工业,也未能及时投入到创办近代工业的洪流中去。

甲午战争后,随着实业救国高潮的兴起及资产阶级爱国运动的推动,在中国近代工业有了初步发展的背景下,票号也为近代民族资本工业提供资本融通的服务。上海源丰润票号在 1910 年前对汉冶萍公司投资近 1.3 万两,对宁波通久源纱厂投资 8.4 万余两,对宁波海口商轮投资 7400 两,对通州大生纱厂投资 9000 两,对宁波通利源油厂投资 2200 两,对海州海丰面粉公司投

---

❶　李肃毅伯奏议,卷九,第 53 页。

❷　参见《北华捷报》,1887 年 4 月 29 日,第 458 页。

❸　参见唐炯,筹议云南矿务疏（光绪十三年）《皇朝经世续编》,第 57 卷。

资 1.9 万两等，合计在 16 万两左右。❶ 又如 1885 年广东南海商人叶雨田经营的辽宁营口的东盛和工商业五联号，包括东生怡、昌平德两家机榨油房，拥有"柜伙、机匠、火工人等不下千人"❷，经营面粉、豆油、糖等杂货，豆油、豆饼主要运销广州和中国香港。1907 年 11 月歇业时，在债务清算中亏欠票号资金高达 200 万两以上。❸ 从此可以看出，票号为东盛进行资金融通的史实。除此之外 19 世纪末，票号资本家开始投资开办工业。最典型的是源丰润票号 1887 年出资 5 万两开设通久源轧花厂；1894 年出资 30 万两开设通久源纱厂、榨油厂、面粉厂等。同时还在一些企业直接投资或购买股票（见表 4.10）。

表 4.10　源丰润票号直接投资或购买股票一览表 ❹

投资公司厂名	银两数	投资公司厂名	银两数
浙路公司	6216	宁波通利源油厂	2220
汉冶萍矿务公司	12 950	江西瓷业公司	2112
苏路公司	37	通州大生纱厂	9000
宁波通久源沙厂	84 360	赣丰油厂	5000
宁波海门商轮局	7400	海州海丰面粉公司	19 000
宁波光明机器公司	370	合计	166 685

但上述票号向近代企业的投资中，南帮票号则多于山西票号，如源丰润票号就是由清末商业兼工业资本家、江苏洞庭人严信厚创办的。天顺祥票号

---

❶　黄鉴晖，等.山西票号史料[M].太原：山西人民出版社，2002：347.

❷　参见《大清银行始末记》。

❸　黄鉴晖.论山西票号的起源与性质[A].山西票号研究集（第1辑），2008：55.

❹　据《源丰润倒闭借款并派员清理海关押款暨勒令蔡道乃煜交代案》内资料编制，上海市人民银行收藏。

则也是在 1875 年创办的南帮票号。南帮票号的投资人很多本身就是买办出身，抑或与买办有些许的联系，如阜康票号资本家胡光墉就是典型的代表。

从全国范围来看，民族资本投资的热点主要是棉纺、面粉、卷烟等轻工业部门，这是符合近代工业成长的必然规律。而随着保矿运动的兴起，山西票号投资集中于冶矿业，其中最突出的例子就是投资于山西保晋公司。保晋公司是与洋人斗争的产物，1906—1908 年，渠本翘、刘笃敬从英方福公司手中收回山西矿权，创建成立了规模较大的股份制山西保晋矿务公司。虽然晋省开矿、制铁之权赎回来了，但英商福公司却因丧失"原订合同内应索之款，并各项所损失之利益"，讹诈山西绅民所谓"赔偿"的赎款行平化宝银 275 万两，规定赎款分四次交清。保晋公司总经理渠本翘运用他的权力和影响，"各票庄均认先行挪借，以免失信于外人，而保晋省名誉"，按期交付了第一次全部赎款。报纸赞叹曰："晋人团体如此团结，将来发达岂可限量。"❶ 这次交款，据严慎修忆及友人之谈，其时库款全无，所赖者全凭票号。交款之日，福公司曾暗托北京与其有来往的银行，催收在外之款，企图以困票号。而票号不在意，不爽时刻，纯然以彼外国银行所周转之票相交付。对此，外商震惊。在山西票号赎回矿权之后，山西保晋矿务公司开始积极招收股本。山西保晋矿务公司的股本，分官股和商股。官股由亩捐拨充，每 5 两一股，股数不限。除亩捐作官股外，拟招收商股 300 万两，每 5 两一股，共计 60 万股。山西票号在这次认股中，一次认购了 20 万股，占到该公司商股总数的 1/3（见表 4.11）。在招股过程中，票号商人除积极认股外还利用其在各商埠的分支机构广登广

---

❶ 参见《大公报》，1908 年 2 月 25 日。

告，代为招股❶，在一定程度上支持山西近代工业的发展。由于保晋公司的重工业性质，在生产过程中，遇到很大的资金缺口，多次得到票号贷款支持，即使辛亥革命后的民国元年，票号由于大量倒账，支付存款困难，出于自顾不暇的信用危机时候，对保晋公司的急需，"每号暂行凑垫一万八千金"，约合20万两，各号还是"照数筹垫矣"。❷

表4.11 山西票号向保晋公司的投资一览表 ❸

票号	帮别	股数	银两数	票号	帮别	股数	银两数
蔚泰厚	平遥	600	3000	大德通	祁县	600	3000
百川通	平遥	600	3000	大德恒	祁县	600	3000
天成亨	平遥	600	3000	三晋源	祁县	600	3000
日升昌	平遥	600	3000	存义公	祁县	600	3000
蔚长厚	平遥	600	3000	大盛川	祁县	600	3000
蔚丰厚	平遥	600	3000	合盛元	祁县	600	3000
新泰厚	平遥	600	3000	世义信	祁县	600	3000
宝丰隆	平遥	600	3000	中兴和	祁县	300	1500
平帮票号	平遥	1200	6000	合计		10 500	52 500

随着铁路的兴建和新式航运的设立，票号也为官办铁路汇兑经费银两，为商办铁路经收股本、认股和提供贷款。宣统二年（1910）票号各商共认购同蒲铁路股份60万两，加上渠本翘向票号借款57万两，合计100余万两。❹

---

❶ 参见《大公报》，1908年4月1日载《山西商办保晋矿务公司招股广告》。

❷ 参见《票商顾全大局》，载《新闻报》，1912年8月16日。

❸ 参见《保晋公司投资三百股以上花名册》，阳泉钢铁公司档案室收藏。

❹ 参见北洋政府档案，财政部民国四年十二月二十九日文。

但由于 1911 年辛亥革命的爆发，修路活动无果而终。光绪三十一年（1905），川汉铁路修建过程中，天顺祥和百川通票号经理所有股款及一切付息、电信、邮费等事宜。

从票号与近代工业发展的关系中可以看出，甲午战争后，在中国民族近代工业初步发展的情况下，票号或多或少都与近代工业发生了联系，一定程度上支持了近代民族资本工业的发展。但作为传统商人的山西票商将投资对象锁定在资本规模大、利润率低、资本回流慢、风险大的矿产和铁路等重工业领域，这与清末民初全国范围的投资主要面向棉纺、面粉、卷烟等轻工业部门的近代工业成长规律是不一致的。票号这一超常规投资的失败严重挫伤了山西票号投资近代产业向纵深发展的积极性，最终导致其大量资本向土地回流。这在一定程度上也体现了在近代中国社会中存在的二元化问题，鸦片战争后在通商口岸崛起的买办商人依附于外国资本迅速发展，而广阔内陆地区的传统商人，则仍服务于传统经济，很大程度上制约了其发展和转型。

4.2.2.2 钱庄与近代工商业

随着近代工业的相继问世，钱庄也日益与近代工业发生了存放业务上的联系。据查证相关史料，洋务派经营的近代军事工业，尽管当时主要是官办形式，但由于清政府财力的有限，也曾向钱庄融通资金。江南制造总局于 1900 年向钱庄"经手借欠各项共实在亏银七十二万二千余两"❶。1904 年钦差大臣铁良通过对制造局款项查证，其中在钱庄存放的尚未到期的款项就有

---

❶ 参见魏允恭，江南制造局记（卷 4），第 21 页。

42 万两之多 ❶。创办初期的福州船政局，也曾"向银号钱庄筹借，指关款以归还"。❷

民用工业向钱庄的融资需求更是屡见不鲜。李鸿章创办的轮船招商局就经常向钱庄借款来维持周转。在 1873—1874 年就"透用庄款银十一万两之多"❸。到 1875—1876 年，该局所欠款项"多至八十余万两，输转不遑之处，率向沪庄通融"❹。1876—1877 年，该局又"挪借钱庄，积至六十余万两"❺。到 1883 年"统计每年年终结欠庄款及绅商存款常有百余万两之多"❻。招商局第 11 年办理情形节略说："历年商局之苦皆苦在本少而用多，若不设法周转，断难自立……无非倚仗沪上钱庄林立……故历年底无不积欠庄款及绅商存项一百余万两。"❼1880 年李鸿章再次筹办上海机器织布局时，就通过登报申明"所有股份银两认定后，先交五成，出给收票，本局存稳当钱庄生息，备购地、定机等用"。

钱庄不仅与官办和官督商办的企业有密切的往来，与民族资本企业的往来更为频繁。"清末民初新式银行开设不多，亦不做商业往来。工商业资金融通完全依靠钱业，如李裕成在聚生钱庄为营业员，对无锡籍实业荣宗敬、周舜卿等所办实业均有大量信用放款。后来李裕成充任祥生庄经理，仍继续贷放巨额款项，因此对那时方在成长的民族工商业发展起了一定的扶助

---

❶　参见魏允恭，江南制造局记（卷 4），第 27 页。

❷　参见《船政奏议汇编》卷 15，第 18 页。

❸　参见《申报》1874 年 9 月 17 日。

❹　参见《申报》1877 年 4 月 21 日。

❺　参见《李文忠公全集·译署函稿》卷 7，第 21 页。

❻　参见《徐愚斋自叙年谱》，第 88 页。

❼　参见《字林沪报》，1885 年 12 月 4 日。

作用。"❶钱庄对民族工业的放款，初期主要以缫丝厂、丝织厂、纱厂为主，19世纪末20世纪初，钱庄对面粉、造纸、制油等行业的放款更加明显，如瑞伦丝厂、恒昌丝厂、纶华丝厂、又新纱厂、华兴面粉公司、丰记油厂等企业。❷由于这些企业的轻工业性质，企业规模偏小，而且缺乏必要的抵押品，因此主要依靠钱庄的信用放款进行融资。随着纱厂的快速发展，钱庄也开始经营抵押放款。在个别的钱庄营业统计中，上海福康钱庄就是一个典型的例子。福康钱庄在1899年红账中就有工厂放款，以后随着业务发展，1903年抵押、信用放款的总额高达15万两（见表4.12）。1900—1907年的全部放款中对丝厂放款始终是其业务的重心。

表4.12　福康钱庄的工业放款（1899—1907）❸

单位：两

年份	信用放款		抵押放款	
	信用放款总额	工业信用放款额	抵押放款总额	工业抵押放款
1899	371 621	25 358	—	—
1900	215 736	80 000	—	—
1902	407 176	5000	107 260	107 260
1903	340 944	10 315	485 550	140 000
1904	356 024	50 720	561 800	44 000
1906	613 995	20 517	317 500	20 000
1907	539 424	71 311	—	—

---

❶　参见钱远生、王仰苏访问记录，1957年1月13日。

❷　中国人民银行上海市分行.上海钱庄史料[M].上海：上海人民出版社，1960：785.

❸　同❷：780-785.

　　除此之外，钱庄开始与近代工商业资本相融合。最典型的是钱庄主在近代工商业利润的引诱下，开始投资于近代工商企业。如历任上海南北市钱业董事的经纬之子经元善，子承父业，一边任上海北市钱业董事，一边投资并参与创办上海机器织布局、上海电报局、华兴玻璃公司等近代企业。再如闻名海内外的荣家企业的奠基人——荣宗敬、荣德生兄弟，同样是钱庄出身，最初于 1896 年在上海开设钱庄，在近代商业利润的吸引下，1900 年与人合股创办了保兴面粉厂。由此可见，上海钱庄资本家对近代工商业的放款必然使钱庄资本与工商业资本更为密切和融合。这也反映了钱庄资本在性质上的逐渐变化，即钱庄资本成为近代金融资本的一部分，钱庄的资本主义化趋势不断加强。

　　但随着近代工业的迅速发展，特别是大规模工业的兴起，对资金的需求量剧增，而钱庄本身的资力非常有限，即使是 19 世纪 80 年代的上海，大型钱庄的资本"至多无过五万，少则二万余"❶，无法满足工业的需求。钱庄存款仅仅依靠往来关系密切的几个工商企业、部分官吏的存款及"寒士得数百金，托权子母为生命者"❷ 的存项，支持近代工商业发展是远远不够的，还主要依赖票号和中外银行的资金支持。19 世纪 70 年代上海的外资银行就开始对钱庄进行拆放，随着放款的增加，钱庄对外资银行的依赖程度逐渐加深，钱庄的独立性不断减弱，加深了钱庄经营的风险。中国通商银行成立后，也曾给钱庄进行大量的拆放，据统计到 1911 年，通商银行对钱庄的拆放总额高达

---

❶　参见《申报》1884 年 1 月 23 日。

❷　中国人民银行上海市分行 . 上海钱庄史料 [M]. 上海：上海人民出版社，1960：48.

289.6 万两，占该行对外放款总额的 36%❶。除此之外，凡是票号设庄城市，钱庄都从票号取得大量长短期贷款来实现它对工商业的资金贷放。当时《申报》曾载："昔年票号皆荟萃苏垣，分号于沪者只有数家，资本无此时之巨，专以汇兑为交易而不放长期。军兴以来藏富于官、票号结交官场，是以存资日富。迨东南底定，上海商埠日盛，票号聚集于斯者二十四家，其放银与钱庄，多至二三百万两。""不知近来钱庄皆无巨本，专持巨项及西商（指票号）拆借，存项犹行号之本也；拆票犹行号之往来庄票，集数十万存项以为其资本，得利则但去薄息，盈余尽归于庄，失利则打拆还本，所谓共祸患而不共福禄者，莫钱庄之存项也。"❷ 而且钱庄实行的合伙制并承担无限责任，使得其信用不稳固，很难通过负债业务扩充资金来源。20 世纪 30 年代以后，随着近代银行的发展，钱庄工业放款的比重大大降低，对工业的影响力也大为减弱。这也是受当时中国政治经济环境和经济发展水平等诸多条件的限制，实为钱庄等传统金融业所难以克服的。

　　未来已变，唯变不变。面临外部经济环境的变化，传统金融业有两种选择：若是囿于自身条件，故步自封，便只能随波逐流，被时代抛弃；若是顺应潮流，勇于革新，就能伫立潮头。钱庄体现了较好的适应性，能适应尚存的旧有商业习惯，有比较健全的汇划制度及经营方式较灵活等，使得其在清末民初的金融风暴和社会动乱的冲击下，得以喘息，全行业整体维持到 20 世纪三四十年代。而票号业则在民国时期的金融竞争中整体走向衰亡。但终归传统金融

---

❶ 中国人民银行上海市分行金融研究室 . 中国第一家银行 [M]. 上海：中国社会科学出版社，1982：142-143.

❷ 论市面倒账之多 . 字林沪报 [N]. 1883-10-18.

业的服务主体仍然是商业。商业与金融业之间是一种比较松散的关系，商业需要的是短期信贷。但随着近代工业的大量兴起和机器工业的普及，大型的面粉厂、化工厂、棉纺厂等不仅在初创时需要大量的资金，在后续发展中也需要持续的追加资本，这就要求金融机构具备动员储蓄转化为投资的能力和信用创造的机制。作为传统金融业，票号和钱庄短期化的资金运作模式主要是为工商业发展提供短期流动资金，而引导整个社会资本向长期信贷市场发展的能力严重不足，根本无法为产业的发展提供持续的金融支持，难以适应经济近代化和金融竞争的需要。

第五章 制约山西票号向近代银行演化的政策因素

在近代经济中，工业生产的革命性变革是非常重要的。近代金融业的主要职能就是为近代工商业发展提供资金信用服务。但这一职能的实现除了取决于金融机构本身以外，政府政策导向亦是非常重要的影响因素。随着近代工业生产规模的不断扩大及甲午战败《马关条约》的签订，国内出现了实业兴国的高潮。清政府开始转变对待工商业的态度，被迫改弦易辙，相继进行和实施一系列扶持与奖励工商业发展的政策。1903 年，清政府设立商部，制定统一的工商业发展政策；推进财政制度改革，建立国家银行并增设官银钱局以维持地方财政和支持地方实业发展；政府开始重视和干预银行业的发展，批准设立近代银行，逐渐形成外资在华银行、国家银行、民营银行、地方银行在内的银行体系；同时清政府颁布了《银行通行则例》等法规，开始监理银行业发展。清政府的一系列政策深刻影响了中国金融业的变革和发展。随着金融需求日益多样化，市场对以传统商业为依附的传统金融业需求日益萎缩，严重制约和影响了其生存和发展。

5.1 近代中国财政制度转型对山西票号的冲击

财政与金融乃至整个经济发展密切相关。在近代化过程中，金融变迁是与政府财政的转变密切联系在一起的。金德尔伯格（Kindleberger）认为，在大多数情况下，金融革命首先是指财政体制的大变革，它不仅包括征税权力和赋税种类方面的变化，而且也包括财政收支机构与债务管理方面的变革。❶公债的发行和转让不仅反映了财政由传统向现代的转变，而且对于金融机构的需求也发生了质的变化。

5.1.1 近代中国财政制度转型

鸦片战争是中国社会由传统社会向近代社会演变的转折点，也是晚清中国财政制度由封建财政向近代半殖民地半封建财政转变的转折点。随着晚清传统财政向近代财政的转变，近代金融管理体制也发生了巨大的变化。

---

❶ CHARLES P K. A financial history of western europe [J]. The Economic Journal, 1986（96）381： 235-236.

5.1.1.1　鸦片战争前的财政

财政是传统经济运转的核心。鸦片战争以前，在清政府的统治下，中国在政治上实行以专制主义为核心的中央集权；经济上贯彻重农抑商政策，自然经济长期居于主导地位；对外则执行闭关锁国政策，与世隔绝。与当时的社会政治经济状况相适应，清政府实行以统收统支为特征的中央集权财政管理体制。财政还未成为调节经济的主要工具。财政为政府服务，而政府往往是以支定收。支出多了，税收也跟着增加，政府从自身统治利益而不是整个国家经济协调发展的需要出发。清政府由户部统一掌管财权，并统一定制税制和核销开支。清政府财政收入来源主要包括田赋、消费税（关税、盐税、落地税、茶税等），此外，捐纳和捐输及杂税也成了重要的收入项目。田赋收入包括地丁、漕粮、耗羡、平余和租等，乾隆以后至清末，此项收入大体保持在 3300 万两左右（不包括漕粮）。盐税（包括灶课、引课、包课、税课）在乾隆以后，年收入在 500 万~700 万两浮动❶。关税（内地关税和国境关税）也保持在 400 万~600 万两之间❷。捐纳和捐输，实际上是卖官鬻爵，但两者之间也多少有些区别。捐纳是官府利用官爵封典或赎罚，向人民或官吏募集粟米和银钱弥补财政收入不足的一种办法。捐输是政府按商民报效银数给予的奖叙。清代的商民报效主要是盐商的报效，种类有军需报效、水利报效、赈济报效和皇室之需的"备公报效"等。由此可见，清朝财政的最大缺陷在于缺乏弹性，一旦财政吃紧，很难在短期内得到快速弥补。

---

❶　陈锋 . 清代盐政与盐税 [M]. 郑州：中州古籍出版社，1988：161-162.

❷　王庆云 . 石渠余记 [M]. 北京：古籍出版社，1985：276.

支出主要包括军事费、官僚支出、宫廷费、赏赐费、工程支出等。为了保障中央和地方之间财政收支的正常运转，清政府还制定了解饷协拨制度。清政府规定各省征收各种税款之后，除按规定留足本省开支外，其余款项均要上解中央或协济邻省。在这种财政管理制度下，清政府财政基本保持量入为出，虽然保守但基本稳定，说明这种财政管理体制适应了当时社会经济发展的需要，清政府的财政收支情况基本年年有盈余（见表5.1）。

表 5.1　清朝乾嘉道三朝财政收支表

单位：万两

年代	岁入	岁出	盈余
乾隆三十一年（1766）	4854	3451	1403
乾隆五十六年（1791）	4359	3177	1182
嘉庆十七年（1812）	4013	3510	503
道光二十二年（1842）	3714	3150	564

可见，进入嘉道两朝后，一方面清政府财政收支数额总量减少；另一方面财政盈余数额急剧减少，由乾隆时期的1403万两下降为道光年间的564万两。这表明清政府财政收支状况日趋拮据，也是当时整个社会由盛转衰的生动写照。

5.1.1.2　鸦片战争后的财政

由于战争的频繁，鸦片战争后的财政支出中，军费占据首要地位。列强的军事侵略、本国人民的频繁起义，致使清政府的军事费用急剧上升，据史籍记载，就抵抗外敌的军事开支合计耗银不少于1亿多万两，镇压太平天国所耗军费也超过了 1 亿两，除应付战争的军事开支以外，平时的国防费每年也达 3000 万两之多，足见军费开支之繁重。❶鸦片战争还给清政府带来了赔款费、债务费、洋务费等费用，而且还有关税、盐税等自主权的相继丧失及鸦片贸易使中国白银外流形成银荒，清政府产生了巨额的财政赤字。从 19 世纪 60 年代开始，清政府进行了长达 30 余年的洋务运动，兴办了一批军事工业、民用工业，并兴办教育，派遣留学生及派驻外使节等，开销巨大。据估计，1861—1894 年，清政府因创办军事工业共花去白银 5000 万两左右，创办民用企业用去白银 1200 万两，筑铁路耗资约 2000 万两，若加上兴办教育等其他开支，每年支出洋务费在"两千余万"❷。1901 年后，清政府宣布推行从军事、教育、经济乃至制度方面的新政改革，耗资也是巨大的。面对日益严重的财政危机，清政府采取了一系列措施解除危机。

厘金出现于咸丰三年（1853），是清政府镇压太平天国时期为接济饷需而偶然间创制的一种临时筹款方法，支付军费成效显著，其产生兼具历史性与偶然性❸。厘金原本是一项临时性税收，因颇具成效，咨义推广行于全国。到同治元年（1862），厘金已由最初一种地方劝商捐助"经费"的临时筹款方式，逐渐演变成全国性的具有商税性质的一种制度。

发行纸币和大钱。太平天国起义后，清政府派兵镇压，但财政困难力不从心，于是利用大量印发和铸造"官票""宝钞"与"大钱"以解决财政窘境。1853 年 5 月，户部奏准初发当十大钱，8 月增发当五十大钱，11 月再发当百、

---

❶　盛超明.简明中国近代财政史 [M].北京：中国电子工业出版社，1991：15.

❷　陆军部预算宣统三年各省新军岁出总数.

❸　颜冬梅，雷承锋.晚清山西厘金起源及发展探析 [J].山西大学学报（哲学社会科学版），2015（2）：27-31.

当五百、当一千大钱，同时还铸发了一定数量的铁钱、铅钱，时称"铸大钱"。1854 年 5 月，户部又奏准发行一两、三两、五两、十两、五十两五种银票，时称"户部官票"。12 月增发 8 种面额为五百文、一千文、一千五百文、二千文、五千文、十千文、五十千文、一百千文的钱钞，时称"大清宝钞"。❶ 从频繁的铸发钱钞的过程中，清政府获得了大量的货币收入，一定程度上缓解了财政收支的紧张状况。铸发钱钞虽给清政府带来相当大的货币收入，但却给当时的金融市场造成了许多困扰，导致金融秩序大乱。咸丰初年大钱、票钞的铸发，一开始就没有得到社会的公认。清政府内部正在酝酿发行票钞的消息传到社会上后，立即引起京城商民的一片恐慌。富商大贾普遍担心自己的资本将要变为废纸，纷纷到银号兑换银本，运载出京，以致发生挤兑风潮，"昼夜填街塞巷，拥挤争先，钱铺一时措办不及，遂致关闭。""凡有钱铺之处，必有数百人围绕喧竟，一日之间钱铺关闭者至二百余家。"❷ 典当业与钱铺互为表里，钱店关闭，典当业也难以维持纷纷歇业，粮店、布店也相继关闭。街市扰攘，人人自危，皆有朝不保夕之恐惧感。

5.1.1.3　发行内债与外债

甲午战争前清政府已有小规模的举借外债活动，但大规模的借款活动是在甲午战争后，外债成为此时财政收入的主要补充来源。同治四年（1865）到光绪二十年（1894）30 年间，清政府共借外债六次总数约为 4000 万两，连同利息共 5700 万两。从光绪二十一年（1895）到光绪二十五年（1899）

---

❶　徐珂. 清稗类钞（第 4 册）[M]. 北京：中华书局，2010：4.
❷　中国人民银行总行编辑室. 中国近代货币史资料（上册）[M]. 北京：中华书局，1964：340.

5 年间，又举借外债七次共计白银 3.7 亿两。从甲午战争（1894）到辛亥革命（1911）的 18 年间，清政府共借外债 112 笔，债额为 12 亿两，这些借款不仅利息高、折扣大，而且在不少方面损害了中国利益。此外，清政府还发行内债。由于金融市场的不发达和清政府债信度低，清政府发行的内债不如外债多也比外债发行的时间晚 41 年。清政府发行的内债主要有三次，其用途也基本是基于战争的需要。第一次内债是光绪二十年（1894）的"息借商款"，目的是筹措甲午战争的军费；第二次是光绪二十四年发行的"昭信股票"是为了偿付《马关条约》所规定的第四期赔款；第三次是宣统三年（1911），辛亥革命爆发，清政府为了应对局面而发行的"爱国公债"。面对清政府发行的公债，国内的社会民众并不积极认购，导致这一情况的一个重要原因便是国内近代金融机构和金融市场的缺失。没有这两个重要因素的支撑，公债的发行会有相当大的不确定性和风险。如"昭信股票"发行时"中国市面流通之现银，至多不过数千万两，乃闻各省股票必索现银，民所存银票纷纷向银号钱铺兑取，该铺号淬（猝）无以应，势必至破倒闭，一家倒闭，因市为之骚然" ❶。导致了不少钱庄银号的倒闭。

　　尽管政府增加收入，但由于军费、赔款、内外债本息的支出和数量的不断扩大，清政府财政仍处于收支下降、库存空虚的境地。鸦片战争后 10 年间清政府财政收支状况的明显变化，财政盈余由战争前的 500 万两的盈余减少到 1849 年的 50 万余两。而且在这 10 年间财政收入变化不大，而由于赔款的增加 1843 年、1844 年和 1845 年的支出有增加的趋势，与鸦片战争前形成了鲜明的对比（见表 5.2）。

---

❶　刘华. 公债的经济效应研究 [M]. 北京：中国社会科学出版社，2004：32.

表 5.2　1840—1849 年清政府财政收支情况表 ❶

单位：万两

年代	收入	支出	结余
1840	3903.5	3580.5	323.1
1841	3859.7	3734.1	125.6
1842	3871.5	3714.9	156.5
1843	4226.4	4190.4	35.9
1844	4016.3	3865.1	151.2
1845	4061.2	3881.5	179.6
1846	3922.2	3628.7	293.5
1847	3938.7	3558.4	380.2
1848	3794	3588.9	205.1
1849	3700	3644.3	55.6

在晚清的财政管理体系上，出现变化的一个重要方面，是中央财权的旁落和地方财政权力的上升。厘金税完全是由地方自发建立的，厘卡的设立，税率高低的决定，厘税的收支、保管，都掌握在地方督抚或驻军手中，中央财政无从插手，更无法过问。这样，清政府中央财政权下放迈出了重要一步。另外，在太平天国运动高潮时期，各省督抚又以军费急需为由，纷纷截留清廷财政的重要收入——田赋，并自行支配，中央毫无办法。这样，又导致了清廷对最大财源控制能力的削弱。中央财权的下放，一方面使传统的中央集权的财政管理体制演变为中央集权和地方分权并存的二元财政管理体制；另一方面，又使地方财权急剧膨胀，各自为政，统一市场造成分割，为日后的军阀割据埋下了伏笔。

---

❶ 资料来源：道光十八年至二十八年，据北京图书馆藏翁同龢家抄本"岁入岁出表"。引自中国人民银行总行编辑室.中国近代货币史资料（附录）[M].北京：中华书局，1964：172.

5.1.2　近代财政制度转型对山西票号的冲击

近代中国财政制度转型对金融的影响主要表现在两个方面：税款的流转和公债发行。地方政府向中央政府上解税收收入及由中央下拨给地方款项构成了金融系统中的公款汇兑功能。票号的产生是为了降低异地汇兑的风险和成本，初期主要服务于商业汇兑。但随着国内的政治经济环境的变化，尤其是战争导致交通的封锁，中央政府无法通过装鞘起解运送饷银的情况下，票号通过官款汇兑、垫付京协饷、吸收政府和官员个人存款等业务，逐渐建立与政府的合作关系，在一定程度上成为众多省份的财政支柱，间接履行了代理国库的职能，带来了票号的大发展。但随着政府职能的不断扩大，政府兴办的国家银行逐渐取代票号的公款汇兑和代理国库的职能。除此之外，在传统财政向近代财政转变过程中，传统金融业的不适还表现在以下两个方面。

5.1.2.1　拓宽政府融资渠道能力有限

清政府遇到财政危机或急用款项时，一靠库存储备，二靠举办捐纳、"报效"等筹款活动。清政府若要创办近代军用工业和民用工业，也只能靠自身财政节余。在洋务运动时期，因政府财力所限，洋务派创办的新式企业经常处于捉襟见肘、资金匮乏的状态。有的还出现因资金紧缺而停工待料，或被迫停办的现象。票号尽管也为政府提供了一定资金支持，但限于其自身资金来源有限，规模较小等因素，不能从根本上满足政府融资的需求。

5.1.2.2　协助政府举借公债功能不足

公债是弥补财政赤字的重要手段，在近代中国政府财政管理体制中占有重要的地位。伴随着政府职能的不断扩张和深化，公债的功能已经不仅仅局限于单一弥补财政赤字，同时也要服务于政府的公共建设资金的筹集。清政府发行外债的主要用途用于当时最为急需的甲午赔款和庚子赔款、修建铁路、购买军火，还有一部分用于工矿、电报等。❶ 这些借款大多数是通过当时新成立的银行和各官银钱局等机构进行的。北洋政府初期，政府税收来源骤减，为了应对巨大的财政赤字，政府主要依靠发行公债。受到"第一次世界大战"影响，外债发行困难，内债发行规模逐渐增加。举债越多，负债越重，偿债也越困难，形成了恶性的循环。而北洋政府本已财力枯竭，于是政府以高额利润吸引以取得内债收入。此时公债券、国库券的发行大部分是由本国银行承销的，银行还为政府提供大量的借款。对银行来说，无论是承销公债、国库券，还是承借、垫款，都是有厚利可图的。首先，回扣大，一般在百分之几至百分之二十几之间；其次，利息高，利率一般月息为七八厘；再次，有可观的手续费收入、汇水等，三项合计实际利息率高达百分之二三十，最高的竟在百分之五十以上；最后，公债券可做发行纸币的准备。按规定，银行准备金中有价证券所占比例可以高达百分之四十至五十，而有价证券主要是公债券。银行自购公债，不仅无增加资金准备的负担，又可获得发行纸币的利益及进行债券的投机。在这种厚利诱导下，社会资本便不断投向银行业，银行成为金融市场的主导力量。❷ 纵观近

---

❶　徐义生. 中国近代外债史统计资料 [M]. 上海：中华书局，1962：91.

❷　盛超明. 简明中国近代财政史 [M]. 北京：电子工业出版社，1991：181.

代公债发行的过程，可见其发展的变化趋势：一是发行规模不断增加；二是债务管理趋向法治化；三是发行的债务除满足军事用途之外，其他的如筹集建设资金、调节经济等功能不断显现。

政府财政体系由传统向现代的转变，也就是有效债信制度的建立有力地推动了金融市场的发展，政府公债推动了现代银行体系和其他金融中介机构的发展。传统金融业在政府金融政策的强力打压之下，在金融业的地位逐渐下降。

5.2　近代银行设立对山西票号的影响

清末在政府推动下，金融发展和金融制度建设全面开启。外资在华银行的设立和持续发展一度控制了中国金融市场。甲午战争后，清政府批准设立中国近代银行，而且在各地增设地方官银钱号。中国逐步形成了涵盖外资在华银行、国家银行、民营银行、地方银行在内的银行体系，银行业内部制度逐渐优化。传统金融业受到新式银行的竞争和挤压出现危机，票号从发展的鼎盛走向衰落。

5.2.1　外资在华银行的发展

鸦片战争前的清代，由于中外贸易的发展，在合法的商品贸易中，大量外国银圆流入中国，使银圆在中国商品市场广为流通。银两在银圆的竞争下，暴露了称量货币的种种缺陷，所以外国银圆大受欢迎，尤其是商品经济相对发达的地区，银圆的使用更是普遍。由于对外国银圆需求的增加，外国银圆七钱二分，成色90%，可换得重量1两，成色93.5%的中国纹银。这种情况引发了外国商人的套利活动，导致大量白银流出，银圆流入的局面。针对白银供给量的短缺，许多大臣主张"以钱代银"，使流通中的制钱更多，导致银贵钱贱，加大财政困难，人民赋税负担加重，阶级矛盾激化，加速了中国落后的货币制度的崩溃，刺激了币制的改革。

鸦片战争以后，随着西方列强的入侵，带来了新的生产技术和新的钱币形制，机制铜元迅速地取代了制钱流通。1889年两广总督张之洞在广东设造币厂制造制钱，亏损甚巨。1900年广东钱局开始铸造铜元，利润可达30%，各省纷纷效仿。大清铜币十三种，铜圆流通混乱。清政府不得不颁布整顿圜法章程，设立总厂集中铸造，乘机收回铸币权，独享利润。于光绪三十一年（1905），在天津设立铸造银钱总厂，拟造金、银、铜3种货币，定制1两银圆为本位币，5钱、2钱、1钱银币为辅币。宣统二年（1910），清政府颁布《币制则例》，比照外国银圆重量的制度，将银圆重量定为7钱2分。

随着货币危机的出现，鸦片战争以后，新兴的英国工业阶级为了进一步扩大对华贸易的掠夺，设立了专门的金融机构——银行来加速和中国之间的金融业务。自1845年首家外资银行丽如银行进入中国，初期基本是英国银行的独占时期，之后各帝国主义国家银行均有设立。初步设立的外资银行资本规模较小，大体上在50万~100万英镑，如丽如银行1850年实收资本100万英镑，麦加利银行1853年实收资本为32.2万英镑。1845—1865年，外国银行在华的最主要业务活动是汇兑。直到1865年汇丰银行成为首家在中国设立总行的外资银行："以香港总行和上海分行为枢纽，在与中国相近的东南亚各国安设据点，以伦敦为它的策应地，欧美几个分行作为必要辅翼，所有这些机构的敷设都是直接间接以加强对中国的控制力量……" ❶。从此，外资银行垄断近代中国的国际汇兑业务，通过吸收存款和发放贷款等传统业务，挤压山西票号和钱庄的传统金融机构生存空间，控制了中国金融市场。

外资银行在华设立有三次高潮：第一次是 19 世纪 40 年代，如英国的丽如银行、汇隆银行、有利银行、麦加利银行等；第二次是 19 世纪 60 年代，如英国和法国的利华银行、法兰西银行、利昇银行、汇川银行、汇丰银行等；第三次是 19 世纪 90 年代，如俄国的华俄胜道银行、德国的德华银行、日本的横滨正金银行和正隆银行、美国的花旗银行、法国的东方汇理银行等多国外资银行的设立。这些外资银行在中国大量设立后，通过垄断国际汇兑、在中国境内发行纸币、吸收中国公私存款、经营对清政府的贷款，实施了对中国商人和金融业的控制。

汇兑是外资在华银行成立以来的第一项业务。清末民初，我国币制不一，纸币多元发行，币种繁杂，地域之间互不通用。与纸币并行的硬通货白银，各地衡量标准也各异。外国商人到中国采购货物，要先兑有当地流通纸币或按当地银两制度变换，方可使用。自外资新式银行在中国出现后，进出口贸易结算也随之发生了变化。如华俄道胜银行在中国设行后，凡中俄贸易往来，均改用卢布转换其他外币进行结算，并为其独揽。1896—1916 年，20 年间，中国对沙皇俄国出口贸易总值达 59 366.2 万海关两，进口总值仅 19 593.8 万海关两，进出口相抵，出口超达 39 732.4 万海关两。其贸易结算均为华俄道胜银行经办。此外，俄国与中国之间的资本转移项目等非贸易外汇业务，也

---

❶　洪葭管. 从汇丰银行看帝国主义对旧中国的金融统治 [J]. 学术月刊，1964（4）：37.

为华俄道胜银行所垄断。中国偿付俄国对华贷款和《庚子赔款》本息，也经由华俄道胜银行结汇。

华俄道胜银行在华经办中国外汇业务，远不止沙俄本国。1910年华俄道胜银行改组后，随着资本的增加，各项银行业务也随之有所增长。分支机构遍布世界各地，经营范围"几有环球之半"。反映在1917年8月13日的资产负债对照表上，代理行往来金额借方余额为57 847.5万卢布，贷方余额为47 636.5万卢布。❶1926年华俄道胜银行关闭前夕，业务总量已无法与前期相比。但反映在中国境内的代理行往来科目中，还有相当数额。当年9月25日在华11处分行资产负债表中，代理行科目贷方余额为规平银170万两。❷当时，中国境内的外汇价格几乎完全为外国银行所控制。中国对俄出口以农畜产品为主。农畜产品收购、出口的季节性很强。华俄道胜银行通常在收购季节提高卢布对中国货币的汇价，结汇则压低卢布对中国货币的汇价，从而获取超出正常外汇业务的超额利润。

外资在华银行凭借种种政治特权和经济实力，垄断了中国的国际汇兑和对外贸易。如汇丰银行的汇兑业务主要包括：国际汇兑、国内汇款和华侨汇款。汇丰银行"在1880年，就十分确定地赢得了在中国贸易中发号施令的地位"❸。此后，其买卖汇票业务得到明显增加，19世纪80年代初到20世纪20年代末的50年间，汇丰银行用于国际汇兑的资金占其运用资金总额的

---

❶ 参见民国17年1月20日《督办中国境内道胜银行清理处上财政部报告书》。

❷ 参见民国17年1月20日《督办中国境内道胜银行清理处上财政部报告书》（东北档案馆，吉林省公署第154861卷）。

❸ 黄逸平.中国近代经济史论文选（上册）[M].上海：上海人民出版社，1985：300.

1/3~1/2，大部分周转于中外贸易市场。❶ 要测量汇丰银行在第一个十年中实力的增长，最有代表性的标志，还是它在中国外汇市场中的地位，也就是包括汇付、贴现和承兑在内的汇兑业务（见表5.3）。

表5.3　汇丰银行 1865—1874 年汇兑情形统计表 ❷

年份	汇丰银行汇兑业务					汇丰汇兑指数与中国对外贸易指数的关系
	实数 / 千元				指数（B）	
	承兑	贴现	汇付	合计	1865=100	100
1865	5731	3144	5554	14 429	100	100
1866	7861	4071	9200	21 132	146	136
1867	11 037	3369	13 287	27 693	192	185
1868	10 425	4380	12 005	26 810	186	163
1869	15 684	4763	17 982	38 429	266	229
1870	21 673	8111	16 671	46 455	322	298
1871	22 126	7650	21 307	51 083	354	283
1872	31 258	11 027	32 222	74 507	516	397
1873	29 492	13 636	24 714	67 842	470	379
1874	17 858	9760	21 798	49 416	342	287

由于笔者掌握的史料有限，为便于展开讨论，特选取汇丰银行1865—1895年的汇付数据加以分析，虽可能略有偏颇，但却离事实不远。

---

❶ 寿充一，寿乐英.外商银行在中国 [M].北京：中国文史出版社，1996：6.

❷ 汪敬虞.外国资本在近代中国的金融活动 [M].北京：人民出版社，1999：75.

表 5.4 汇丰银行 1865—1895 年汇付额度 [1][2]

单位：元

时间	汇付额	时间	汇付额	时间	汇付额
1865 年 12 月	5 554 000.00	1874 年 6 月	18 730 001.18	1888 年 6 月	43 946 286.83
1866 年 12 月	9 200 000.00	1874 年 12 月	21 797 957.84	1888 年 12 月	48 541 228.00
1867 年 6 月	9 140 000.00	1875 年 6 月	15 500 000.00	1889 年 6 月	47 621 960.00
1867 年 12 月	13 287 000.00	1875 年 12 月	18 153 281.19	1889 年 12 月	51 185 336.77
1868 年 6 月	10 910 000.00	1876 年 6 月	19 630 769.53	1890 年 6 月	46 855 982.20
1868 年 12 月	12 005 000.00	1876 年 12 月	28 921 124.28	1890 年 12 月	57 915 445.40
1869 年 6 月	10 816 750.28	1877 年 6 月	25 414 782.66	1891 年 6 月	60 047 094.00
1869 年 12 月	17 981 727.18	1877 年 12 月	34 010 000.00	1891 年 12 月	61 986 340.00
1870 年 6 月	14 560 000.00	1878 年 6 月	30 927 037.75	1892 年 6 月	63 861 505.00
1870 年 12 月	16 670 776.52	1878 年 12 月	28 231 565.02	1892 年 12 月	61 368 217.00
1871 年 6 月	17 196 206.66	1880 年 6 月	17 832 917.39	1893 年 6 月	55 516 246.00
1871 年 12 月	21 306 543.88	1882 年 12 月	35 584 549.47	1893 年 12 月	63 033 526.00
1872 年 6 月	25 700 000.00	1883 年 6 月	30 455 680.62	1894 年 6 月	59 024 604.00
1872 年 12 月	32 222 000.00	1884 年 6 月	27 891 940.13	1894 年 12 月	57 530 235.00
1873 年 6 月	24 714 434.67	1884 年 12 月	34 313 779.27	1895 年 6 月	60 036 316.14
1873 年 12 月	26 950 000.00	1887 年 6 月	52 236 447.68	1895 年 12 月	84 073 291.00

结合表 5.4，不难看出：尽管有小幅波动，但是该行在 19 世纪 60 年代的贸易汇兑数额基本上呈上升趋势，1869 年 12 月的汇付数额比 1865 年 12 月增长了 223.96%。该行汇付曲线在整个 19 世纪 80 年代呈大幅上升趋势，期间虽有小幅下降，回升却很快。1890—1894 年，其汇付曲线基本保持平稳，直到 1895 年 12 月突然比 6 月增长了 2404 万元，相应地在曲线图上有一个跳跃式的增长。

---

[1] 参见汇丰银行各年营业报告。

[2] 汪敬虞. 外国资本在近代中国的金融活动 [M]. 北京：人民出版社，1999：428-429.

外资在华银行的另一项主要业务就是坐收战争赔款和对清政府的贷款。从鸦片战争开始，近代中国历史上，部分资本主义国家多次发动对中国的侵略战争，每当中国战败，被迫签订不平等条约，承受巨额的赔款，而这些巨额赔款大都是由有关国家的在华外资银行代收的。面对如此巨额的赔款，清政府还多次向外国银行借款，如汇丰银行就把向中国政府提供贷款作为其重要业务活动，具体情形见表5.5。

表5.5 1865—1894年汇丰银行对清政府贷款统计表 ❶

贷款类别	时间	款名	款额/两	年利率/%	期限/年
边防	1874年8月	福建台防贷款	20 00 000	8	10
	1877年6月	西征贷款四	5 000 000	10	7
	1878年9月	西征贷款五	1 750 000	10	6
	1881年5月	西征贷款六	4 000 000	8	6
	1883年9月	广东海防贷款1	1 000 000	8	—
	1884年4月	广东海防贷款2	1 000 000	8	—
	1884年10月	广东海防贷款3	1 000 000	9	—
	1885年2月	广东海防贷款4	2 012 500.293	7	10
	1885年2月	福建海防贷款	3 589 781	7	10
	1885年2月	援台规越贷款	2 988 861.822	6	—
	1887年3月	接收四轮贷款	220 000	6	—
赔款	1884年10月	沙面恤款贷款	143 400	9	—
实业贷款	1885年	平度金矿贷款	180 000	—	
	1885年	轮船招商局贷款2	1 217 140	7	10
	1887年11月	郑工贷款1	968 992	7	1

❶ 司春玲.晚清汇丰银行研究（1865—1894）[D].石家庄：河北师范大学，2008：61.

续表

贷款类别	时间	款名	款额 / 两	年利率 /%	期限 / 年
实业贷款	1888 年 5 月	郑工贷款 2	1 000 000	7	5
	1888 年	津通铁路贷款	134 500	5	—
	1889 年	湖北铁政局贷款	131 670	—	—
	1889 年 5 月 /9 月	鄂省织布局贷款	160 000	5	—
行政经费	1883 年 12 月	驻英使馆贷款	11 085	—	—
	1886 年 7 月 /10 月	南海工程贷款	1 000 000	7	—

除了提供政府贷款外，外资在华银行还面向工商业贷款及向钱庄拆放资金。在存款业务上，外资银行凭借不平等条约所赋予的特殊地位，利用中国人视外资银行如"保险箱"般安全的心理，通过开办小额储蓄业务吸收中国官商存款，极大地威胁了票号的存款业务。除此之外，这些外资在华银行还攫取了货币发行权，或者未经中国政府许可，擅自在中国境内发行货币，增强自身的资金实力和经营能力，从而控制中国金融大权。

5.2.2　近代银行的设立

自 1845 年第一家外资银行英国丽如银行在上海设立分行之后，随着外资银行的不断涌入，先进的银行资本组织形式、管理制度和新式的金融业务随之传入中国，一方面对中国传统金融机构多年来业已形成的稳定的金融制度带来了巨大的冲击，另一方面外资银行巨额的利润回报诱导着一些国人纷纷效仿组建银行。如 1896 年 10 月即光绪二十二年九月盛宣怀在《请设银行片》中详述："再银行昉于泰西，其大旨在流通一国之货财，以应上下之求给。立法既善于中国之票号钱庄，而国家任保护，权利无旁挠，故能维持不敝。各国通商以来，华人不知务此，英、法、德、俄、日本之银行，乃推行来华，攘我大利。"的确如盛宣怀所言，外资银行在华经营获得了高额的利润。如汇丰银行"1866 年以来股票年息经常达百分之二十……1873 年还保持这个数字"❶。1880 年天津分行设立之前，汇丰银行每年纯利润为一百万港元左右，天津分行成立以后，汇丰与清政府的关系更加密切，借款更多，纯利润随之陡增，达到二百万港元以上。1890 年时其年利达 267 万港元，资本由开办时的 250 万港元增加到 1891 年的 1000 万港元。❷可见，如此高额的利润对于中国近代银行的创办的确是一个巨大的刺激。

第二次鸦片战争以后，中国近代新式商业和国家资本主义、民间资本主义工业的产生和发展以及商品交换和商业经营范围的日益扩大，对资金的要求更加迫切，对信用的利用也越来越广泛，促成了兴办实业的洋务派和工商业者对近代银行创设的共同希冀和实际努力，既为中国近代银行的产生奠定了物质基础，又为其筹集资金、提供贷款和经营各种收支业务，提出了客观要求。他们在创办企业的过程中逐渐感到单是生产企业难与洋商争利，同时在与西方的长期接触中看到"西人聚举国之财为通商惠工之本，综其枢纽，旨在银行"的长处。与此相呼应，资产阶级改良派代表人物也大声疾呼"银行之盛衰隐关国本"，在社会上引起了巨大反响。甲午战争前夕，清政府落后的库藏制度已经远远不能满足社会经济的需要，而传统金融机构如典当、钱庄、票号等力量薄弱，割据分散，远不能与外国银行抗衡。甲午战争以后，巨额的战争

❶ 科立斯 . 汇丰—香港上海银行 [M]. 北京：中华书局，1979：10.

❷ 姚会元 . 中国货币银行 [M]. 武汉：武汉测绘科技大学出版社，1993：39.

赔款和军费开支使清政府的财政危机日趋严重，为了筹集大量资金，清政府迫切需要兴办银行。在以上诸种因素的影响下，设立银行的时机成熟了，1897年中国通商银行的成立标志着中国近代银行业的诞生，并相继产生了十余家自办银行，其中中国通商银行、户部银行、中国交通银行的创办和发展对晚清金融发展的影响最大。

5.2.2.1　近代银行概况

1. 中国通商银行

中国通商银行是中国创设的首家商业银行。晚清重臣张之洞认为早期这家银行是"不官不商，亦官亦商；不中不西，亦中亦西"。其创办者盛宣怀在筹办银行之初，对银行的性质已有一定的想法。"议者谓国家银行，当全发帑本，简俾大官，通行钞票，由部造发，如英法等国，财赋皆出入于银行，是户部之外府也。然中外风气不同，部钞殷鉴未远，执官府之制度，运贸易之经纶，恐窒碍兹多，流弊斯集；或致委重西人，取资洋款，数千万金，咄咄立办，其词甚甘，其权在彼，利害之数未易计度。"[1] 他认为当时中外环境迥异，不能尽仿洋行，官营模式并不适用；若委任洋人，恐利权被夺。进而盛宣怀指出，"臣惟银行者，商家之事。商不信，则力不合；力不合，则事不成"。这应该是从洋务运动的失败中总结出来的教训。为了取信于商，就必须尽量减少同清政府的联系。"仿照汇丰，商款商办，官但保护，而不管事"。但是，实际上银行仍在很大程度上受到了清政府的控制。盛宣怀在写给李鸿章的信

---

[1]　陈旭麓，等．中国通商银行 [M]．上海：上海人民出版社，2002：3-4.

中提到："此等事，商办能持久无弊。然初创时，非借官力辅助，则商力不足也"❶，"拟请简派大臣，遴选各省公正殷实之绅商，举为总董，号召华商，招集股本银五百万两"。其认为这样既"得占面子"又可"维持不敝，外人不敢有所轻侮"。

从中国通商银行设立的资本来源看，买办官僚的投资占据主要地位。该行成立时资本额定为银 500 万两，先收足半数。盛宣怀任总办的招商局和电报局分别投资 80 万两和 20 万两，占实收资本的 2/5。当时两局名为官督商办，实际上是官僚投资居多，管理权操在总办盛宣怀等人之手。除两局的投资外，盛氏名下的投资达 73 万两，直隶总督兼北洋大臣王文韶，亦官亦商的张振勋和严信厚各入股 10 万两和 5 万两不等。仅以上几笔已占当时实收股本的 4/5，可见该行的股东绝大部分属于官僚买办阶级。此外，清政府还拨出 100 万两库款存入通商银行作为长期周转使用，"以示官为护持，与寻常商家和自行开设银行不同。"最初的银行股份分布如表 5.6 所示。

表 5.6　中国通商银行 1897 年的股份统计 ❷

投资者	股份 / 股	投资额 / 两
招商局	16 000	800 000
张振勋	2000	100 000
盛宣怀	14 600	730 000
严筱舫	1000	50 000
电报局	2000	100 000

---

❶　陈旭麓，等.中国通商银行 [M].上海：上海人民出版社，2002：16.

❷　中国人民银行上海市分行金融研究室.中国第一家银行 [M].北京：中国社会科学出版社，1982：109.

续表

投资者	股份 / 股	投资额 / 两
洪植臣	800	40 000
梁千卿	200	10 000
其他	2585	129 250
外埠招商局代收股款	3350	167 500
外埠股款	92	4600
合计	42 627	2 131 350

原编者按：据核证，电报局股款应为 20 万两，分两次交款，表列数系第一次缴款数。

通过表 5.6 统计可见，盛宣怀任总办的招商局、电报局和官督商办企业的投资额占银行实收资本的 42.9%，私人投资占投资额的 57.1%。其中盛宣怀名下包括他本人和其他官僚如李鸿章、王文韶等投资 73 万两，银行总董中张振勋、严筱舫等投资 17 万两。可见，官僚买办阶级占有该行的绝对控制权。一般中小商人投资不多，所占比重也低。此外，清政府还拨出 100 万两库款存入通商银行作为长期周转使用。

从组织管理制度看，通商银行名为商办，却是奉"皇命"设立；说是"权归总董，利归商股"，却由清政府督办铁路事务大臣盛宣怀独揽大权。根据《中国通商银行大概章程》，银行用人办事"悉以汇丰为准而参酌之"，由此"不管委员而用董事，不刻关防而用图记，尽除官场习气，俱遵商务规矩"，据此，制定中国通商银行人事结构，"总行实任总董拟十人为度，皆须公正厚实，声望素著，招集巨股，为股商信服者，方准保充；并于实任总董十人之内，随时议举在沪熟悉商务三人为办事总董（或限定期日,或不限定期日）。"❶ 按

---

❶ 谢俊美. 中国通商银行：盛宣怀档案资料选辑之五 [M]. 上海：上海人民出版社，2000：49-50.

此章程，银行督办大臣盛宣怀是奉旨在银行设立之前从殷实的商人中遴选了九人为总董，"设总董张振勋、刘学询、叶承忠、杨文骏、杨亭杲、施则敬、严信厚、朱佩贞、严潆九人，以严潆为驻行办事总董，利归股商，用人办事，以汇丰为准，商款商办，官但保获，而不管事。"❶ 由此可见，盛宣怀制定了与其关系密切的上述九人为总董，构成了银行的董事会，负责筹集银行的股份。银行大章程第七条记载："先收股本规银二百五十万两。盛大臣认招轮船、电报两局华商股份一百万两；各总董认招华商股份一百万两；其余五十万两，应听各口岸、各省会华商招股。自登报之日起，上海本地以一个半月为限；各口岸、各省会以三个月为限；照西法先行挂号，限满截数。凡投股者准给股份数目，应听总董核给。"❷ 在上述总董的基础上，又选出三人为办事总董，其余为议事总董。初步确定了银行董事人员的产生、任期及董事们之间的权利配置。

在经理层的构成上，中国通商银行采取了"借重外才，御用客卿，聘任英人美德伦为洋大班，国人钱业领袖陈笙郊为华大班，借以融通中外金融"❸。在经理层的聘任中，在盛宣怀的指导下，由总董确定讨论决定经理层的人选，然后展开银行的业务经营活动。

在监事会制度构成方面，虽然中国通商银行在相当长一段时间内没有聘任专职的监督人员，但也萌发了现代监事会的职能人员。"中国现无商部衙门，自应暂举督办一人，以资督查。此督办应由股东会议公举，须有资望，亦有

---

❶　中国通商银行.五十年来之中国经济 [M].北京：六联印刷股份有限公司，1947：3.

❷　谢俊美.中国通商银行：盛宣怀档案资料选辑之五 [M].上海：上海人民出版社，2000：57.

❸　同❶.

经招股份在二千股以上者，议定三年为一任，三年期满，督办照章告退，即由股东仍前公举，签字后由总董转禀总理衙门立案，如果前督办称职，股东亦可再行公举，仍以三年为任满。"❶

在组织架构上，其采用总分行模式。人事上总行设总董、大班，分行设分董、分班。中国通商银行总行设立在上海，在北京、烟台、南京等11个城市设立分支行，基本覆盖沿海口岸城市。与票号等传统金融机构所不同的是中国通商银行各分支机构是独立的法人主体，在经营过程中采取的是"自主经营、自负盈亏"的经营方针，总行只是负责制定统一的营业方针，从宏观上进行管理，并制定了《中国通商银行分行大概章程》《中国通商银行总行与分行的合同依据》等一系列制度化规则。从业务管理上看，它除经营存款、放款、借款等一般银行业之外还兼营举借外债、发行纸币等。可见，中国通商银行的经营管理已经初具近代银行制度的雏形。

2. 户部银行

户部银行是晚清建立的第一个国家银行，于光绪三十一年（1905）正式成立，户部银行总行在北京，在天津、上海、汉口等地设立分行。户部银行的章程中载明：

（1）资本银400万两，分为4万股，每股库平足银100两，由户部认购2万股，余2万股，无论官民，均准购买。

（2）照有限公司办法，股份外，不再向股东添取银钱，即有亏欠，与股东无涉。

---

❶ 谢俊美.中国通商银行：盛宣怀档案资料选辑之五 [M].上海：上海人民出版社，2000：64.

（3）专做收存出放款项，买卖荒金荒银，汇兑划拨公私款项，折收未满期限期票以及代人收存紧要物件。

（4）本行归国家保护。凡遇市面银根紧急，青黄不接时，可向户部请给库款接济。

（5）银元（圆）局铸造银铜各币，均交本行承领，与商号直接往来。

（6）公家既认2万，即为最大股东，可派总办1人，副总办1人；另设董事4人，由股东公举。

（7）拟印纸币，分库平银100两、50两、10两、5两、1两5种。

通用银圆亦如此。可见户部银行实为清政府的国家银行，半数的股本由户部认购，半数的股本向国人招募，也就是政府控股的股份制银行。该行的权利包括以下几点。①纸币及国币之发行；②国库之经理；③交通机关之使用；④关税之免除。❶

可见，户部银行具有发行纸币、代理国库、充当最后贷款人等特权，同时它还经营工商各项存放款、买卖荒金荒银、汇兑划拨私人款项等一般银行业务，只是兼有商业银行职能的国家职能，而不是真正意义上的中央银行。

1908年清政府将户部银行改为大清银行，并制定了《大清银行则例》二十四条，在原户部银行则例的基础上有所修正，其要点包括以下几点。

（1）确认该行为国家银行，由国家饬令设立，予以特权，诸如有代国家发行纸币之权，准许经理国库事务及公家一切款项，并代国家经理公债及各种证券。

---

❶　曾康霖.曾康霖著作集[M].北京：中国经济传社，2004：43.

（2）该行资本由 400 万两增为 1000 万两，划为 10 万股，官商各半。

（3）该行正副监督和董事，由度支部提名，经股东会公举，呈度支部派充。

1912 年大清银行改组成中国银行。1913 年 4 月，北京临时参议院通过中国银行则例三千条。则例明确中国银行为中央银行，股本总额为银圆 6000 万元，分为 60 万股，每股 100 元，政府先认垫 30 万股，余数由私人购买；由政府先交所认购股份三分之一以上，银行开始营业，同时招募商股；则例还规定该行设总裁、副总裁各一人由财政部报政府任命；设董事九人，监事五人，由股东会选任。由此揭开了中国中央银行制度建设的序幕。

3. 交通银行

中国交通银行是 1907 年由清政府邮传部奏准设立的一家规模较大的专业性银行，也是中国近代设立的一家专门以发展交通为目的的官办银行。其章程摘要为：

（1）交通银行纯属商业银行性质，邮传部附股设立，官股四成，商股六成，均照商律办理。

（2）轮路电邮格局所存储汇兑揭借筹事，该行任之。

（3）总行设北京。

（4）仿京外银号即各国银行，印刷通行银纸。

（5）资本银 500 万两，分为 5 万股，每股库平足银 100 两，邮传部认购 2 万股，余 3 万股，无论官民，均准购买。

（6）照有限公司办法。

（7）邮传部既认 2 万股，即为最大股东，可派总理、协理。❶

尽管在奏定章程中，交通银行纯属商业银行性质，由邮传部附股设立，官股四成商股六成，一切均照奏定商律办理，系官商合办之银行。但实际上，其带有明显的官督商办性质。

交通银行成立时，其股份按照本章程规定："本行先备股本库平足银五百万两，分为五万股，每股一百两，由邮传部筹款认购二万股，其余三万股，准由本国之官绅商民人等购买，俟贸易扩充之时，再行陆续添招五万股。股本正息，官商股均年息六厘。"章程对如何筹集股本做了详细规定："邮传部原奏由部认股四成，以应开办之用，并按章程规定，商股均先缴足四分之一，其余俟贸易应用之时，再分析收取。是以上浮三万股之募集，系在北京、天津、上海、汉口、广州等行相继设立之后……"股本的构成是采取官股和商股分开认购的方式。"商民认购踊跃异常，挂号股份达二十万股以上，超逾定额，不啻倍蓰。时本行布置业已就绪，由于清光绪三十四（1908）年六月依据章程，呈经邮传部奏准，添招股份五万股，扩充股本总额为一千万两，仍为官股四成，商股六成。照报认股数均摊。是年九月（十五日）开始收款，原定商股每股先收四分之一，至此遂并收第一第二两期股款，商股股份共六万股，合计银三百两，截止清宣统二年四月二十五日如数收齐。官股共四万股，合计银二百万两，由邮传部铁路总局（时该局以福公司借款存入本行作为护本）陆续拨交，不足之数，再由邮传部存款项下补付足额，计自本行开办以迄辛亥年年底，先后八次，由铁路总局共拨到银一百五十八万两。民国成立，邮传部改为交通部，官股尚有股款四十二万两未交足，经如数填具股票息折，

❶ 杨端六.清代货币金融史稿 [M].上海：生活·读书·新知三联书店，1962：378.

呈经交通部于民国元（1912）年十一月在沪行存款内拨银三十万两，汉行存款内拨银十二万两，按是年一月十九日期列入股本账，官股股份，至是亦如数收足。"❶

按照奏定章程的规定，交通银行的组织结构包括股东大会—董事会—总管理处（发行部、储信部、事务处、稽核处、设计处）。在初期成立时设立董事四人，并从股东中推选出来。董事的职责是"稽核总管理处事务，考查各行账目"❷。"董事会之组织，今昔异致，其职权亦先后不同。民国十七（1928）年以前，董事由四人增至十一人（时总理代表本行，主持行务，协理协助总理主持行务），董事会并不执行行务，常务董事系辅助总理、协理执行职务。十七年以后董事由十五人增至二十一人，董事长以常务董事由财政部指派，代表全行，常川驻行综理行务，为董事会、行务总会、股东总会主席。常务董事代表董事会常川到行执行职务。盖总协理与董事长之交替，为董事会变更组织重要之阶段也。"❸可见，交通银行在成立之初的相当长的一段时间内，董事会的职责主要是辅助经营管理层，而且也是个虚设的机构。随着1914年董事会的真正成立，董事人数的增加，董事会的权利才发生了根本性的改变。"十一年（1922）六月，董事又届该选之期，是月，股东总会议决，董事人数依照则例选举足额，因选举董事十一人，成立第三届董事会，职权同前。十五（1926）年五月，股东总会再改选董事十一人，成立第四届董事会，时本行则例已于上年奉临时执政令准修正，章程亦经修订，其厘订（定）各项，

---

❶ 交通银行总行，国家历史档案馆.交通银行史料（第一卷）[M].北京：中国金融出版社，1995：17.

❷ 同❶：55.

❸ 同❶：55.

关于董事会者，略有四端：时监事已经增设，董事会不再推举审查决算之董事，而其职权则视前有加，除前订各项外，有审核开支、发行兑换券，处分押件，代募债票股份，购租房地及议决权限争议等项，一也；乃公推董事一人为会长，行务总会暨股东总会由董事会会长或总理、协理为会长，二也；公推常务董事二人，常川驻行，辅助总理、协理执行行务，三也；董事不得兼任本行其他职务，四也；盖时为总协理制也。"❶

在组织架构上，沿用通商银行的办法，采用总分行模式。"奏定章程规定，设总行于北京，设总管理处于总行。当时所谓总行，即北京行，后称燕行，实为营业机构，与其他分行同，与民国二十二年总管理处改组之总行以管理机关而兼营业务者迥异。"❷ 在全国各地设立分支机构，"清季本行创设之始，营业范围未广，初设分行，主在铁路可通之地。光绪三十四年，北京行先行开业，天津、上海、汉口、广东等行继之。继设试办分号，渐及商业繁盛之所。光绪三十四年十二月，始设于香港，宣统元年，又设于开封，张家口、漯河、周家口、营口、长春、星加坡（新加坡）等地……"❸ 总行的人事安排上实行"总理代表本行，主持行务，协理助理总理主持行务"。分支行实行分行经理和协理制。

从业务管理上看，除经办全国轮船、铁路、电报、邮政四大系统所属企业的存款、汇兑、拆借等业务外，还向社会各界经营存款、放款、汇兑、贴现、买卖金银、代客户保管贵重物品和发行银行兑换券及市面通用的各种银票等。

---

❶　交通银行总行，国家历史档案馆．交通银行史料（第一卷）[M]．北京：中国金融出版社，1995：56-57.

❷　同❶：91.

❸　同❶：127.

4. 民营银行

随着 1897 年中国通商银行冲破各种阻挠而诞生，民营银行如雨后春笋般不断涌现，如上海储蓄商业银行、金城银行、大陆银行、浙江兴业银行、浙江实业银行、聚兴城银行等，并逐渐形成了所谓"南三行""北四行"等银行集团。"1916—1921 年，私人银行共新设 73 家，平均每年新设 14 家，占同期全国新设华资银行总数的 90.1%。至 1920 年底，实存的私人资本银行有 81 家，在全国实存华资银行总数中的比重，从 1915 年的 52.6%，上升到 78.6%；实收资本达 4525 万余元，在全国银行实收资本中的比重，也由 1915 年底的 27.7%，上升到 51.4%。" ❶ 根据中国银行经济研究室编制的《全国银行统计年鉴（1937）》相关资料整理，到 1936 年全国私人银行约为 118 家，数量大，但规模都偏小，资金较大的银行数量不到 30 家，它们成为近代银行业的主干，与官办银行共同构成中国金融业的核心。

5. 地方官银钱局

为了摆脱日趋严重的财政经济危机，地方各省还涌现出一批专门从事金融活动的机构——官银钱号，清初叫作"官钱局"或"官钱铺"，后来也有称"官银钱局"或"官银号"的。19 世纪中叶以前，官银钱号的业务大致为兑换银钱和倾铸银锭。清初时银贱钱贵，私营典当、钱庄等操纵兑换之柄，从中取利。有鉴于此，清政府始设官钱局，发放钱文，调节钱价不使过昂。待到钱价平稳时，又将官钱局停办。这种官钱局主要设在北京，因为握有铸钱大权的室泉、室源二局均在北京，而官钱局的任务，不过是铸钱二局的一个附

---

❶ 黄逸峰，姜铎，唐传泗，等. 旧中国民族资产阶级 [M]. 南京：江苏古籍出版社，1990：334-335.

属机构而已。当时的官银钱号主要从事兑换、调节银钱比价，至于倾铸银锭，各省藩库运库各有官银匠，开设银号，专司倾铸交库。各州县也设有官银号，将经收的铜钱都兑换成白银，铸成银锭上缴国库。

　　道光至咸丰时内务部和户部设立的官钱铺有"五天""四乾"官银钱号和"五宇"官钱铺。这些官钱铺并非真的官营，都是由商人承办，由官府出本钱并派官监督，经营利润有一部分要上交给官府。三种官钱铺成立的目的并不相同：内务府设立"五天"是为了获取利润；户部设立"四乾"是要用官号的京钱票搭放军饷，并由"五天"参与帮办；而设立"五宇"则只是为了推行官票和宝钞。由商人承办，商人不可避免地要假公济私，后来都出了问题。咸丰八年（1858）清理"五宇"亏空，裁撤后改为官办。十一年"四乾"取消官号资格，"五天"和"四宇"都予裁撤。

　　清政府为了推销大钱及钞票，不只在北京设立官银钱号，咸丰三年六月朝廷通知各省招商成立官钱铺，推行户部官票（当时还只有官票）。署闽浙总督王彭德首先响应，七月在福建设立永丰官局。其次是陕西，八月在省城设立官钱总局，在宁夏设分局。但多数省份拖延观望。四年五月又下旨催办。五年十月更"勒限三个月"，要各省督抚"将应立官号一律开设"❶。所以各省官钱铺多数在咸丰四年、五年设立。但贵州、湖南仍未设立。官钱铺名目繁多，有官局、官钱局、官钞局、官钱店、官钱铺、钞局、钱局、票钞公所、官号、官钱总局、官钱铺局、宝钞局等。咸丰七年经王鼓德等奏请，对福建倡议开设永丰官局"著（卓）有成效"的在籍绅士王式金"量予奖叙"❷。然

---

❶　清文宗实录（卷一百八十）[M]. 北京：中华书局，1986：1013.

❷　清文宗实录（卷二一九）[M]. 北京：中华书局，1986：432.

而一年以后，永丰官局就因为滥发官钱票而酿成风潮，遭到了清理。各省官钱铺都于咸丰末年裁撤。同治时个别省仍有官钱铺设立，如陕西于同治元年（1862）设立恒通字号官钱局，到光绪十二年（1886）才裁撤，另于同治六年组织咸长公局，于十一年裁撤❶。光绪、宣统年间，各省又普遍设立官银钱号，具体名称不一。

清末各省官银钱号的设立和咸丰年间各省官钱铺的设立具有不同的意义。后者只是为了推行中央发行的纸币，并非出于本省的需要，故表现被动。前者的设立并非中央命令，是各省从本省财政和金融利益出发，态度主动。它的产生反映了清代地方独立性的加强。官银钱号发行纸币，吸收社会资金，进行实业贷款，对缓和本省钱荒，支持本省财政，发展地方经济起了积极作用，但不少也存在管理不善、滥发纸币等问题。官银钱号一般为官办，少数为官商合办和官督商办，但都由各省落司直接管理。官银钱号的负责人称为督办或会办，也有监理官，是官方所派，业务经营主管有经理等名目。商股代表都是结交官府的商界巨子，一般附股者无法过问内情。❷

除各省官银钱号外，还有海关也设立官银号，招商承办。如上海、杭州、汉口、广州海关的官银号由浙商严信厚承办；宁波、福州、厦门海关官银号由原籍安徽的浙江商人胡雪岩承办，破产后由严信厚接办。商人承办的海关官银号各有银号的具体名称，如上海为"源通"，汉口为"协成"，福州原为"裕盛"，厦门原为"悦来"，宁波后为"源丰"等。天津海关官银号的历任经理，有些原是洋行买办，官银号征收关税采用三种折合率："对华商，以行化

---

❶ 姜宏业. 中国地方银行史 [M]. 长沙：湖南出版社，1991：22.

❷ 孔祥贤. 大清银行史 [M]. 南京：南京大学出版社，1991：43.

106.05 两合 100 海关两；对外商，以行化 105 两合 100 海关两；对俄商，以行化 103 两合 100 海关两。"❶ 实行歧视华商的政策。宣统年间，海关官银号的业务由大清银行接收。

　　有的地区还直接将官银钱局改名为省银行，专门经理省库收支、发行纸币、从事存放款等。如 1907 年广西官银号改为广西省银行 ❷；1909 年浙江官银号改为浙江省银行 ❸；1910 年直隶官银号改为直隶省银行。1896—1911 年，相继设立的官银钱局号有：陕西秦丰官钱局、湖北官钱局、河南豫泉官银钱局、山东官钱局、天津银号、吉林永衡官银钱号、江西官银钱号、湖南官钱局、广东官银钱号、黑龙江广信公司、裕皖官钱局、热河官银钱局、甘肃官钱局、迪化（乌鲁木齐）官钱局、伊犁官钱局、贵州官钱局、黑龙江省官银号、浙江官银号、奉天官银号（东三省官银号）、福建银号、山西官钱局等共 20 余家。这些具有地方银行性质的官银钱号在其规模、组织机构及经营管理方面都各有特色，它们的出现并不是建立在商业发展基础上，它们是地方政府解决财政困难的工具。地方官银钱局号办理存放款、经理省库、代垫公款、经管官款的汇兑存拨，以多种方式接济官府，成为地方政府的财政外库，致使同时存在的票号业务大受影响。清末各省兴办的官银钱号兼有省银行和商业银行性质，以维持省级财政为基本职能。它的出现，奠定了中国各省官营金融机构的基础。民国以后，各省督军纷纷在省官银钱号的基础上重设省立官营银行。

---

❶ 杨端六 . 清代货币金融史稿 [M]. 北京：生活・读书・新知三联书店，1962：176.
❷ 参见宣统二年正月清理财政出为广西官银号改为银行事《移交度支部通阜司》一文。户部度支部档案卷宗号 498/3-3.
❸ 参见 1910 年《浙江财政说明书》，岁入部，官业，第 44 页 .

5.2.2.2 近代银行的业务

由于近代中国社会的特殊性，银行发展的初期业务主要是满足政府财政需求和商业资金需求。20 世纪 20 年代以后，随着国内工业的发展，一批民营银行则开始将其业务的重点投向民族工业的发展，满足市场工业资金的需求。以下以交通银行为例分析近代银行的业务构成。

据交行 30 年行史清稿记载："本行创办之初，以经管路轮邮电四政之收入与主办路政项下京汉赎路之债票与股票为主要营业，而商号亦多有往来。"这表明，交通银行早期业务是以经理四政之款和主办赎路债券为主，这正是其设立的特殊性所在。尽管交行经理邮电轮路四政，事实上在起步阶段资本并不充足。可为之佐证的是："本行开业之初，以经管交通四政收支为主要业务，营业机关分设未广，存款数目约抵数百万元。"而交行上海分行在开办 1 年后的业绩依旧是"存款寥寥" ❶。

尽管交行的业务具有特殊色彩，但是，奏设初期，交行即被定性为"纯用商业银行"，故而存放款必是其应有之义。

1. 存款

交通银行早期的业务，除官办交通事业的往来外，亦兼营一般银行业务。据最初几年的业务记载，1909 年各项存款为 1384 万两（库平银），1910 年上升至 2370 万两，1911 年由于辛亥革命爆发，社会经济动荡，存款又回落到 1909 年的水平（见表 5.7）。从存款来源看，官方存款大于私人存款。如

---

❶ 交通银行总行，中国第二历史档案馆.交通银行史料第一卷（1907—1949）上册 [M].北京：中国金融出版社，1995：265-266.

1911 年各项存款中，官存为 866 万两，占存款总额的 65.5%；私存为 457 万两，占存款总额的 34.5%。❶ 从存款的构成来看，主要分为特别营业和寻常营业两项。前者包括"该行为京汉赎路时总司一切存款、汇款、消息磅价、预卖佛郎克等事"及"轮路电邮各局所存储、汇兑、揭借等事，该行任之，此系指邮传部直接管理之各局而言，商办各局愿归该行经理与否任听其便"；寻常营业包括："凡官绅商民人等，应按照外国银行通行规则办法妥为收存营运，不能问其款之所从来，且款项既存行内，即有保护之责，无论该款有何关系纠葛之事，非持存款凭券，不得用官力向银行强迫阅账查办，致使银行信用稍有损碍。"❷

表 5.7　交通银行存放款额统计表（1909—1911）❸

单位：万两

时 间	存 款	放 款
1909 年	1384	1711
1910 年	2370	2842
1911 年	1323	1798

2. 放款

对于放款的具体事项，奏定章程中没有明确表述。"本行业务初以经管交通四政收支为主，放款原非所重，尔时社会心理亦惟信用是尚，银行既无仓库设备，市上又无证券流通，是以银行放款一部分系凭顾客信用，一部分则

---

❶　中国人民银行上海市分行金融研究室编印．交通银行简史 [M].内部资料未刊本，1978：7.

❷　陈璧《望嵓堂奏稿（二）》转自沈云龙．近代中国史料丛刊（第一辑）[M].中国台北：文海出版社，667-668.

❸　同 ❶.

用不动产抵押，本行自难独居例外。"对于放款的条件，交通银行规定："银行营业放账一层，须由货物作押，若无抵押，必须由殷实商家作保，一遇错误，惟经手是问。"这说明，交行创办早期信用放款仍占相当的比重。

放款按对象划分，可分为公款和私款两类。公款中较大的款项有以下几项。

（1）宣统元年十二月，福建铁路公司向广东交通银行息借银圆 50 万元，月息 8 厘 5 毫，期限 1 年，以所收之铁路粮盐两捐及公司产屋材料作押，"后向该银行商展期限六个月，续行订立附约，按期还银" ❶。

（2）宣统二年，峰县中兴煤矿公司并北段路局向交通银行借槽平足银 60 万两，言明即由津浦路局所等买煤矿公司煤价中扣还。❷

（3）宣统三年，江苏铁路公司欠汉阳铁厂轨价洋例银 19 753.05 两，周年 8 厘，息计银 2 千 8 百 45 两 1 钱，两共洋例银 22 598.15 两，由此江苏铁路公司向交通银行借款 80 万两。❸

（4）宣统三年上半年，筹赈大臣因苏、皖两省灾重向大清交通通商各银行息借凑集现银 100 万两，交通银行筹备规银 30 万两作为邮传部代借之款。❹

（5）宣统三年，交通银行接连两次急汇粤督张鸣歧共 100 万元。❺

再看私款，因上海商业辐辏，以下就以交行在上海的业务为例。私款一

---

❶ 参见《邮传部致交通银行函（宣统二年十二月二十六日）》，中国第二历史档案馆藏，档号三九八—3482。

❷ 参见《邮传部致交通银行函（宣统元年年八月十七日）》，中国第二历史档案馆藏，档号三九八—3482。

❸ 参见《盛宣怀致交通银行敬安、季仙函（宣统三年五月二十五日）》，中国第二历史档案馆藏，档号三九八—3482。

❹ 参见《邮传部札交通银行函（宣统二年十二月初十日）》，中国第二历史档案馆藏，档号三九八—3482。

❺ 中国人民银行上海市分行金融研究室编印 . 交通银行简史 [M]. 内部资料未刊本，1978：7.

项大抵上有三类。

（1）房地产和股票的抵押放款。上海交行在 1908—1910 年的三年过程中，一般房地产押款要占到 1/3 以上，其次为股票押款，盛宣怀曾用盛愚记、盛揆记、盛毓常等名义，以大量房地产及股票向交行押款，股票押款中后来的不少股票就是后来酿成风潮的橡皮股票。

（2）交通银行管理者放款经营自己的企业。交通银行总理李经楚，交通沪行总办李云书都曾套用大量资金，经营他们的私营企业。

（3）对民族资本的放款。属于民族资本的工业放款在沪行放款比重中，通常达 10%~20%。一些较大的民族工业，如求新造船厂、大生纱厂、振华纱厂、振裕丝厂、龙章纸厂等向交行申借的厂基押款，每笔均在 5 万～10 万两之间，也有少数押款每笔达到 20 万两的。实际上，就放款数额来看，私款所占的比例远高于公款。可为之佐证的是，在 1912 年年初的交行欠款总额中，"公款为 6 872 470.24 元，而私款竟达 20 098 114.51 元，私款是公款的 2.9 倍"❶。此外，交行与外商银行间的拆款数额巨大，比如宣统元年一月拆给德华银行的一笔短期放款就达 80 万两，嗣后两厢之间拆款常在 20 万两左右，首次拆予汇丰银行的款额即达 40 万两，就拆款一项，交行与其他外商银行均有密切往来。

3. 发行货币

按定例，交行既非大清银行拥有国家本位币的发行权，亦不像省属官银钱号一般享有地名券之特权，但是，交行却被邮传部以发行兑换券的名义赋予货

---

❶ 交通银行总行，中国第二历史档案馆.交通银行史料第一卷（1907—1949）上册 [M].北京：中国金融出版社，1995：347.

币发行权。宣统元年，交行"始发兑换券，其种类有银两券、银元（圆）券，有小银元（圆）券，皆非国币券"❶。一说交行还"发行过5000文的制钱票"❷（见表5.8）。

表5.8　交通银行发行兑换券一览表（1909—1911）❸

印刷时间	承印机关	钞券地点	券种	版次
1909年	商务印书馆	上海、南京、天津、北京、张家口、汉口、广东、开封、济南	大银元（圆）券1元、5元、10元	1版
		营口	小银元（圆）券5角、10角、50角、100角	
		济南	银两券1两、10两	
		—	银两券5两	
		—	银两券50两	

4.代理国库

因交行主管四政，不免享有代理国库的权力。但这一权力的获得并非一蹴而就。成立初期，其对交通款项的经营也主要集中在路款方面。自宣统元年起，交通银行开始全面经理轮路电邮四政。宣统二年十二月，清资政院会同度支部议决统一国库，制定统一国库章程，以官办铁路邮电等项，另订特别出纳事务细则办理❹。宣统三年（1911），经邮传部和度支部批准，交通银行

---

❶ 交通银行总行，中国第二历史档案馆.交通银行史料第一卷（1907—1949）下册 [M].北京：中国金融出版社，1995：805.

❷ 江苏省钱币学会.中国近代纸币史 [M].北京：中国金融出版社，2001：290.

❸ 同❶：823-838.

❹ 财政部财政科学研究所.国民政府财政金融税收档案史料（1927—1937）[M].北京：中国财政经济出版社，1997：548.

被准与大清银行一起办理铁路邮电国库。❶同年三月，度支部商准邮传部，"交通银行与大清银行，订立代理国库契约，保管轮路电邮各款，核与奏定章程相符，自可允准。"

5.2.2.3　近代银行组织制度特点

1. 资本组织形式

中国近代银行自诞生以来，在组织形式上几乎全行业都按照股份制方式组建，虽然初始阶段有部分银行采取股份两合或其他组织形式，但最后都改组为股份有限责任制形式。这主要是由于当时社会各界都主张按照西方的模式组建中国的银行。在西方历史上，"商业银行的组织形式主要有国家独资银行、股份制商业银行、合伙制商业银行和私人商业银行四大类"❷。其中，现代商业银行典型的组织形式是股份制。因此，在引入西方银行制度时，国人纷纷主张采用股份制形式。

（1）近代银行业股份构成基本是通过公开招集的。交通银行由官方先认购四成，商股部分只要先缴足 25% 就可以开始营业，其余部分等业务开展以后再渐次收取。中国通商银行"招股开办时付银五十两，第二次续付银二十五两，第三次续付银二十五两，照有限公司例每股一百两，以后不再付银。其第二、三次应付之银，总董公议加添之时，先两个月之前登报知会原股东，按册上名字股数照加"❸。近代银行尽管其资本来源仍然主要集中在以创办者

---

❶　江敬虞.中国近代经济史（1895—1927）下册 [M].北京：人民出版社，2000：2196.

❷　葛兆强，国有商业银行制度导论 [M].北京：中国经济出版社，2000.

❸　谢俊美.中国通商银行——盛宣怀档案资料选辑之五 [M].上海：上海人民出版社，2000：49.

为中心的社会关系范围之中，但其辐射面已经遍布全社会。从而将分散有限的资本，集中支配，极大程度地调动社会资本。

（2）近代银行的资本，无论是官办、官商合办银行还是民营银行都在不断地扩大，本国银行在成立之初纷纷效仿外国银行，广泛增加其资本数量。如交通银行宣统二年（1910）实收股本为500万两，到民国二十四年（1935）实收资本达到1893.51万元。上海商业储蓄银行在成立时资本额才10万元，1925年就增加到250万元，1931年增加到500万元；浙江实业银行创立时资本额100万元，1920年增加到250万元。东亚银行在1918年创立时，资本才200港元，1947年则增资到5000万港元。四川美丰银行，1922年成立之初中外股本总共才25万美元，1932年增加为50万元，1936年增为100万元，1937年增为300万元。❶近代中国整个银行业的资本额也是高速增长的趋势，如1912—1920年平均增长率达15.9%，1920—1925年平均增长率为13.9%。❷厚实的资本，为银行业的经营奠定了基础，增加了其抵抗风险的能力。

（3）近代中国银行资本构成不同的阶段分布是不同的。1917年以前，主要以官办和官商合办居多；1917年之后，则以民营商业银行占有数量上的优势。"1916—1920年，私人银行共新设73家，平均每年新设14家，占同期全国新设华资银行总数的90.1%。至1920年底，实存的私人资本银行有81家，在全国新设华资银行总数中的比重，从1915年的52.6%上升到78.6%；实收资本达4525万余元，在本国银行实收资本总额中的比重，也由1915年年底

---

❶ 孔令仁.中国近代企业的开拓者（下）[M].济南：山东人民出版社，1991：484.

❷ 参见《为中东路事件敬告全国民众》，《政治生活》第67期.

的 27.7% 上升到 51.4%。"1920 年以后，私营银行的发展更为迅速，到 1925 年年底，"实存的私人资本银行已增至 130 家，实收资本为 9300 余万元；在本国银行总数中的比重上升到 82.3%,资本上升到 55%。"❶ 到南京政府建立后，由于政府对金融控制力的加强，大量私营银行转向官办，出现了商业银行官办化的趋势。

2. 组织管理制度

从整个银行业的组织管理制度演进来看，近代中国第一家银行通商银行基本采用英国汇丰银行的模式，在"中学为体，西学为用"的思想指引下，采用"亦官亦商，不官不商，亦中亦西，不中不西"的混合模式。在此过程中逐渐形成了由股东大会、董事会、监事会和经营管理层相对完整的治理结构，规范了各利益主体的权、责、利关系。股东大会作为公司的最高决策机构，由公司全体股东构成，负责对涉及公司的重大事项做出决策。董事会则是公司的实际管理机构，董事由股东大会选举组成。作为股东大会的常设机构，董事会制定的方案必须由股东大会审议批准，对股东大会报告并对股东大会负责。监事会以出资人代表的身份行使公司内部专职监管的职责，同样对股东大会负责。经理人员受雇于董事会，对董事会负责，以契约方式行使与公司之间的委托—代理关系。

3. 内部监督机制

近代中国银行的内部监督制度是在沿用西方银行制度做法，同时结合

---

❶ 黄逸峰，姜铎，唐传泗，等 . 旧中国民族资产阶级 [M]. 南京：江苏古籍出版社，1990：334-335.

中国银行业的实际情况不断发展完善的过程。中国通商银行成立的初期，尚未把稽核、监督等措施从业务管理职能中独立出来，也没有设立专门的机构执行内部的监督职责。历经北洋政府和南京国民政府时期，中国银行业内部才普遍建立了监督管理机构，并从业务机构中分离出来，以保证监督管理的独立性。中国银行的内部监督制度的演进主要表现在以下几个方面。

（1）重视风险的防范，采取抵押放款。

从成立之初，近代银行就十分重视风险的防范，采取抵押放款制度。上海商业储蓄银行为了加强风险管理，更是采取了先进的"4C"的放款原则，即品性（Character）、才干（Capacity）、资本（Capital）、抵押品（Collateral）。时至今日，商业银行的"5C"放款原则，也不过是在此基础上的改良。大陆银行专门制定了"承做放款规约"，其中规定：对于殷实可靠的借主的放款，额度在二万元之内的放款，期限在六个月以内的放款可以在放款完后再到总处备案；对于个人信用放款、政府机关的放款、二万元以上的放款、期限六个月以上的放款各行都须先报总处核对，才能放款；同时规定放款行经副理对有困难或到期不能如期收回的款项负责。

（2）注重采用先进的会计制度。

中国通商银行创办之初，采用西方的记账方式。民国以后中国银行业普遍建立了新式会计制度。如交通银行随着业务的扩展，旧式账簿不适应银行业务，采用了复式簿记。"民国六年，时值本行改组，以旧式簿记之不适于银行业务，遂决议采用复式簿记，即由总处召集各行司账人员到京学习，并于二月厘定会计规则六十条，三月增订往来款项报单规则三十九条及新式账表

单据八十种，六月又增订分支行汇兑所填寄表报章程十八条。本行之新式会计制度，因以确立。"❶

（3）提高监事会的独立地位。

早期银行基本都没有监事会这一机构，其职能由董事会和管理层承担。如交通银行早期监事会的职责一直由董事会履行。"设行之初，监察职权寄于董事。民国十四年始设监事，初为二人，继为五人。十七年改设监察人，初为五人，继为七人，其职权以审查决算、监察行务为主。"❷民国以后，随着监事会作为一个独立的机构出现，才真正承担起银行监督的职责。"监察人有监察过失之职而无实行处分之权，无论何时，得出入银行，调查实情，展阅薄据，查检银库，如有意见，可提出股东总会公决之。"❸如交通银行"民国十七年十一月，国民政府新颁布本行条例，废置监事，改设监察人五人，财政部指派一人，股东总会商股股东就一百股以上商股股东选举四人，任期三年。同月，股东总会议决修订章程，规定监察人互选监察人会主席及常驻监察人。常驻监察人代表监察人会常川到行执行职务，监察人会职权多与前监事同。是届股东总会即依额选股商股监察人，财政部亦依额指派官股监察人，十二月成立第一届监察大会……"❹此时，监察人的功能就从银行的经营管理中独立出来，一定程度上避免了监察人受制于高层管理者的情况，才能真正地发挥监督的作用。

---

❶　交通银行总行，国家历史档案馆.交通银行史料（第一卷）[M].北京：中国金融出版社，1995：1456.

❷　同❶：74.

❸　杨荫溥.上海金融组织概要 [M].上海：商务印书馆，1930：126-127.

❹　同❶：75.

4. 外部约束机制

面临动荡的政治环境及复杂的市场经济环境，银行无法独善其身，必然与政府、银行同业和社会各界发生直接或间接的联系。这就要求银行建立起成熟的外部约束机制，以保证其稳定经营和顺利发展。银行的外部监督制度主要包括政府部门的监督和银行同业之间的监督管理。

（1）政府部门监督。

清朝末年，度支部完全负责对银行业的监督管理，初步形成对银行业监管的雏形。但由于政局动荡、财政赤字严重等因素的制约，法律制度发挥的作用非常有限。这时度支部对银行业的管理，基本上都是服务于政府财政的，如政府在设立大清银行（由户部银行改组而成）时所指"大清银行之设，其主要任务是整理币值"。❶而币值整理的重点实际上是在银行业的货币发行方面，而此时："各家银行的发行准备金率既无统一的规定；发行钞券的数额也缺乏具体的统筹，其紊乱复杂情形，可以想见。"❷清政府对银行业的监督管理是力不从心。但随着政府认识到监管银行业的必要性和重要性，对近代银行监管的制度也在不断地建立，如在颁布的首个银行法规中依法界定了银行的性质，确定了银行监管的对象范围和监管机关；依法建立银行登记注册制度；建立银行信息披露制度和金融稽核制度等，逐渐确立了度支部作为金融监管机关的地位，对预警和控制金融危机发挥了重要的作用。但在清末萌芽的银行监管制度仍存在很多的缺陷，决定了政府对银行的监管不可能一蹴而

---

❶ 财政部财政科学研究所,中国第二历史档案馆.国民政府财政金融税收档案史料(1927—1937)[M].北京：中国财政经济出版社,1997.

❷ 中国通商银行.五十年来之中国经济[C].上海：六联印刷股份有限公司,1947.

就，需要一个逐步完善的过程。

（2）银行同业的监督管理。

中国近代银行在政府管理不充分的情况下，很大一部分监管职能是银行同业机构承担的。作为对政府监管的补充，银行同业承担了部分的监督管理职能。

如 1917 年在北京成立银行公会，主要由 19 家银行联合组织而成，1918年成立了上海银行公会。这些银行公会的职能极其广泛，从银行业监督方面看，主要包括以下几个方面：制定行业业规，加强行业自律。如上海银行公会在1920 年正式颁布并实行《上海银行营业规程》，对会员银行的业务种类、存放款利率、汇兑行市等做出明确规定。确定银行存款准备金方面的要求，代替央行充当最后贷款人角色；在《上海银行营业规程》中要求除按法定规定存放营业准备金外，必须存储 20% 以上的现金准备金，这是对政府监管法律的有利补充，进一步确保会员银行的稳健经营。银行公会在很大程度担负了许多本应由政府承担的职责。法国学者白吉尔认为，上海银行公会"承担起现代化国家中通常须由国家官僚机构担当的角色"❶。除此之外，上海银行公会还创办了《银行周报》，介绍国外先进的金融理论，对各种危害中国银行业的活动加以披露，维护本国银行业的利益。北京银行公会创办了《银行周报》。随后天津、汉口、杭州、苏州等城市也都设立银行公会。汉口银行公会创办了《银行杂志》。1919 年全国性的银行公会在上海银行公会的推动下宣布成立，其最重要的职能无疑是维护银行的稳定，加强银行业自律，规范银行经营业务，代替中央银行发挥最后贷款人角色等。

❶　白吉尔.上海研究论丛（第 3 辑）[M].上海：上海社会科学出版社，1989.

5.2.3　近代银行对传统金融业的影响

金融发展必然会加剧金融市场的竞争。清末外国在华金融势力的扩张，国家银行的纷纷设立，甲午战争后陆续增设的地方官银钱号，都从不同程度上经营存放汇业务，必然对传统金融业带来巨大的影响和冲击。

5.2.3.1　对票号业务的冲击

作为汇兑起家的票号，汇费收入是其主要的来源。汇兑业务属于中间业务，一般不占用银行的资金，而汇兑收入风险较低利润可观，因此是银行业业务竞争的重点。面临国家银行、地方官银钱号、内外资银行的激烈竞争，使票号的汇兑业务急剧萎缩，收入下降。从 1897 年中国通商银行成立开始，到宣统三年（1911），清政府共成立了 17 家官办、商办和官商合办的华资银行，这些银行大都资力雄厚，而且都开展汇兑业务，官办银行还有清政府作为靠山，对一向独占汇兑业务的票号产生了巨大的冲击。

中国通商银行成立之初，董事长盛宣怀为争夺汇兑业务，特地嘱咐董事会："惟承汇官商款项，必须格外迁就招徕，每千两汇费必少，甚至当差无利，亦须承接。""汇丰银行汇票不赚不做，通商银行不赚亦要做。况西号亦未必有此章程也。"❶ 由此可见，通商银行争夺汇兑的锋芒首先是指向票号。1898 年 5 月，盛宣怀进一步向清政府提出请求，强调中国通商银行已经成立一年，能否"扩充中土之商力，收回自有之利权，其枢机视京外拨款是否皆归通商银

---

❶　中国人民银行上海市分行金融研究室, 中国第一家银行. 通商银行董事会文件（第 1 卷）[M]. 北京: 中国社会科学出版社, 1982.

行为旋转"。他请求清政府"敕下户部通行各省关，嗣后凡存解官款，但系有通商银行之处，务须统交银行收存汇解"。❶ 经过盛宣怀的努力，中国通商银行在官款的收存和汇解上取得了一定的收益。

对票号汇兑业务冲击更为严重的是户部银行和交通银行。1905 年户部银行成立后，很快在上海、天津等十几个重要城市设立支行，同时政府要求"户部咨各省凡设户部银行之处官款统交银行存汇""闻度支部以各省汇解京款所需汇费甚多，亟宜设法变通，以裕库款。现在所订办法系逆于嗣后凡各省如有应行解部之款，一律由户部银行兑交京师，其未设银行之处，暂仍其旧，待银行成立以后再改归新章"。❷ 这意味着户部银行不但在全国各点设立经营网点，还享有清政府以行政命令方式重新调整解款的途径，将山西票号的很多汇兑业务抽离。大清银行还接管了之前由票号经营的海关官银号。"宁绍台道，日前电达省台，略谓：前奉札行部文内开，凡属国家行政经费应归大清银行经理。现准驻杭大清银行函知今正来甬设行接受关税，理合禀请电示遵行等情。兹奉抚宪复电云：查关税系属国家税，大清分银行将此赴甬设行，应即责成经理收解。"政府以强制性的命令将解款的方式重新确立，无异于抽取了山西票号半数以上的汇兑业务。因此，光绪三十四年（1908）广东省上解京的汇兑业务就由户部银行指定日升昌等 5 家票号来共同分担；福建官款由户部银行支行分摊了其中半数的汇兑金额；其他原来凭借票号周转的浙江、安徽、江西、湖南、湖北各省的京饷，也大都改由户部银行的各省分行进行

---

❶ 中国人民银行上海市分行金融研究室，中国第一家银行．愚斋存稿（第 2 卷）[M]．北京：中国社会科学出版社，1982．

❷ 黄鉴晖，等．山西票号史料 [M]．太原：山西经济出版社，2002：385．

承汇。户部银行不仅凭借特权在官款存汇领域将票号几乎完全排挤了出去，而且在金融机构发生倒闭、破产等非常事件收回欠款时，也凭借官权先扣收其全部欠款，余下再做处理，全然不顾票号及其他银行商人的利益。

交通银行成立的当年便在天津、上海、汉口和广州设立分行，次年又在张家口、营口和开封三地设立分行。1908年，该行经汇的官款就达620万余两，商款3400万余两。❶

官银钱局也夺去票号公款存汇业务的大部分，给票号造成致命的损失。官银钱局是各省为缓解地方财政困难，筹集债务和赔款而设立的。各省官银钱号设立之后，不但全面经营存款、贷款和汇兑业务，而且也进行各省钱款的汇解业务。如1903年起，江西解往上海的四国借款和赔款、陕甘协饷，奉天经费、漕运经费，完全由江西官银钱局汇兑，票号被迫退出。1905年，江西汇解京协饷及债务赔款2 597 923两，官银钱局承担99.2%，山西票号仅占0.8%。1908年，江西汇出款项3 000 840两，全部由官银钱局承担。

此外，外资在华银行也极力与票号争夺业务。埠际汇兑历来是票号的主营业务。外资在华银行在操纵中国外汇市场的同时，逐步渗透到通商口岸和口岸对内地埠际贸易的资金周转市场。到20世纪初，外国在华银行侵蚀了大部分的内汇市场，原来一向为票号所掌握的内汇市场业务，现在有相当大的一部分被外国银行侵占。❷如在华北主要贸易港口的天津，自1882年汇丰银行天津分行设立后，积极参与华北各商业城市的汇兑活动，票号的业务受到很大的影响。更为严重的是，华俄胜道银行的天津分支机构在20世纪初利用

---

❶ 参见《邮传部档案》卷65，交通银行.

❷ 张国辉. 中国金融通史[M]. 北京：中国金融出版社，2003.

他们的买办出面，有的从天津沿京奉铁路向关外的沈阳、铁岭和牛庄等地，有的则从北京到汉口，分别设立汇兑庄，促成一个由华俄胜道银行控制的汇兑网，几乎垄断关内外和南北有关城市的汇兑业务。❶

据统计，汇丰银行 1894 年纸币发行额为 997 万元，1913 年增加为 2488 万元，1924 年上升为 4961 万元。该行纸币实际在中国境内流通的数量 1890 年为 432 万元，1910 年为 1006 万元，1916 年为 1950 万元。1924 年达到 3307 万元。❷ 除汇丰银行外，其他外国银行也纷纷在中国发行纸币。在中国市场上流通的纸币有英镑、法郎、美元、卢布、日元等。这对票号的埠际间汇兑业是个严重的打击。每当票号汇水"稍有增涨（长）"，商人们便"携带各票而往"❸ 使票号的汇兑业务，大大减少。

外资在华银行还通过存放款业务与传统金融机构展开激烈的竞争。尽管外资在华银行吸收存款的利率很低，有时还需要存款人支付手续费，中国的一些军阀、官僚、买办、地主仍然愿意在外资银行存款，银行代为保守秘密，清政府无权过问。外资银行还通过拆票的方式贷款给钱庄，将钱庄置于它们的控制之下，同时也经营对中国企业的放款。它们通过重利盘剥来打击中国的重要企业，还用放款的形式来收买中国的工矿企业。外资在华银行的活动严重阻碍了中国资本主义经济的正常发展。

在近代银行的冲击下，票号业务骤减。光绪三十二年（1906），全国汇兑公款数额达 2250 余万两。到宣统三年（1911）时票号汇兑额只有 530 余万两。

---

❶　罗澍伟. 近代大津城市史 [M]. 北京：中国社会科学出版社，1993.

❷　赵德馨. 中国近代国民经济史教程 [M] 北京：高等教育出版社，1984：166.

❸　参见太原监狱石印史料，1917 年。

5 年间汇兑金额迅速减少，不足原来的 1/4。❶ 面对近代银行设立以及官银钱局争夺内汇的情况，某些票号经理意识到了情形的危急，票号的经理人根据对当时形势的分析，遂提出对票号从组织形式和经营方式上进行变革，以适应大势所趋。山西票号一次次错失转型的最佳时机，导致票号未能在适当的时机进行制度创新，而旧的制度已经显然不适应经济发展的要求了，于是票号只有在艰难的境遇中苟延残喘。

5.2.3.2　钱庄的变革

伴随着外国在华金融势力的扩张以及银行业相关业务开展而带来强有力的竞争压力，钱庄的传统业务优势逐渐消失。为此，钱庄"不得不改变它原有的面目而与银行实行同化"❷。钱庄业开始了一场前所未有的变化——钱庄的现代化。尽管钱庄作为传统金融机构最终也退出了历史的舞台，但钱庄在近代银行的反向激励下走上了由传统金融向近代金融转变的发展道路，进而进行了一系列革新，如在组织形式、业务经营、内部管理等很多方面的改革，使整个行业维持到 20 世纪 40 年代。

1. 业务范围的变化

钱庄早期主要服务于流通领域的资金拆借，很少有对工业的放款，"存款对象非亲即友，对不明底细的存户一般不予受理；放款以信用为主，不熟悉者不贷，利率随行就市，也可根据钱庄与客户之间的关系而浮动，主要以能

❶ 董继斌，景占魁晋商与中国近代金融 [M] 太原：山西经济出版社，2002.

❷ 吴承禧 . 中国的银行 [M]. 北京：商务印书馆，1935：122.

按期收回为原则。"❶ 民国以来，受战争影响的英、法、德、俄等国放松了对中国的侵略，中国的民族工业得到了喘息的机会。轻工业与重工业相比，轻工业投入资本少，资金周期较短，利润率较高，因此受到钱庄的青睐。"到 1928 年，福康钱庄的信用抵押放款总额为 123 万两，其中纱厂放款占 65 万两，丝厂占 35 万两。1927 年，福源钱庄对六家纱厂放款 93 万两，1933 年对鸿章纱厂放款 230 余万两。"❷ 到 20 世纪 30 年代，钱庄对工业企业放款已经成为其主要的业务之一。

2. 组织形式的变化

早期钱庄资本有限，多采用独资或合伙制形式筹资。在组织形式上采用无限责任制。钱庄在其发展过程中还一度依赖外国银行融资，严重失去了其发展的独立性，导致其经营风险巨大，一旦经济环境不靖就造成了钱庄行业的动荡。在面对外国和本国银行的激烈竞争下，钱庄吸取了银行业的有利做法，设法充实资本，"钱业为谋现在之生存，图将来之发达，亦不可不厚集资本，增加自己势力"。为此钱庄一方面采用合资形式，"以公司法之组织，或采股份有限公司，或采两合公司，或采股份两合公司"，实现钱庄的银行化经营。另一方面，采用"集合多数小钱庄而成一大钱庄"❸，还有部分钱庄直接改组为银行。如 1919 年，豫源钱庄改组为豫源商业储蓄银行。"钱庄自昔日均为合伙组织，年来潮流所趋，新创各庄大都已为股份有限公司组织，今年（1943）财政部限令合伙组织各庄，一律须于 8 月底前改组为有限公司。于是硕果仅存的 20 余

---

❶　陈曾年. 近代上海金融中心的形成和发展 [M]. 上海：上海社会科学院出版社，2006：3.

❷　孔令仁. 中国近代企业的开拓者（下）[M]. 济南：山东人民出版社，1991：289.

❸　参见《钱业月报》第十三卷第六号，民国二十二（1933）年六月十五日.

家著名汇划钱庄，也均次第改组为股份有限公司组织……大概踏入民国三十三年以后，合伙组织的汇划钱庄，已成为历史上的名称了。""股份有限公司组织的钱庄，风起云涌，其资本大抵较大。继之一般老庄为适应环境起见，也纷纷改组为有限公司，于是资本额也随之扩大。"❶

3. 经营理念的变化

钱庄经营理念的变化主要体现在放款形式的转变上，即将信用放款改为抵押放款。受中国传统习俗根深蒂固的影响，票号钱庄等传统金融机构的诚信观念迎合了商家的需要，"中国商家，羞云告贷，以借款为极不荣耀之举，若再征收抵押，犹所深耻，宁可不通融。……中国商家，狃于积习，大致仍于钱庄往来，此因钱庄通融款项较便，不似银行过于古板。再则中国商店往往收受存款者，利息略银行为优。"❷ 这种传统观念非一朝一夕能转变。但随着近代银行业的逐步推进，无论是钱庄还是民众都不得已地转变旧有观念，逐渐向抵押贷款转变。只不过最初是从限制信用放款的发放开始。"因受不景气影响，情形较诸往年困难，近千钱业公会为决定今后营业方针计，特于前日召集各会员会商"，决定了若干重要事项，其中包括："对于采办洋货商号，其中尤以销售奢侈品之商号，不予信用借款""市面未复常度以前，各庄营业取最慎重态度，对其业务之信用借款，复无限制者，尤宜力图谨慎，以原实力"❸。钱庄逐渐紧缩其信用放款规模增加抵押放款。如福源钱庄在1926—1935年的10年间，年终其抵押放款余额在全部放款中所占比重逐年提高，

---

❶ 参见《银行周报》第二十八卷第一、二期合刊，民国三十三（1944）年一月三十日。

❷ 参见《银行周报》第1卷第17号，民国六年（1917）八月二十四日。

❸ 参见《银行周报》第19卷第7期，1935年2月26日。

平均为信用放款的 3~4 倍，1935 年更是达到 10 倍以上。❶ 除此之外，钱庄业还改进内部管理制度，如采用新式银行记账方式，加强内部核算。推行营业报告制度，向全社会公布年度营业报告，接受社会各界的监督，提高自身的营运水平。

5.3　近代中国银行立法对山西票号的影响

中国传统金融机构存在的相当长时间内，政府对金融业的管理和其他工商企业一样，只是停留在纳税层面，对于金融机构准入、资本规模、经营管理、退出等政府没有制定过任何监督性的法律、法规，金融业可以自由选择经营方式和经营范围。光绪十年（1884）以前，票号的设立不需要向清政府注册领帖。1884 年以后部分地区票号才需要向道台衙门呈请批准并领取部帖，但这种规定的执行也更多的是流于形式。直到 1908 年以前，清政府也还没有以法律的形式明确规定金融机构的设立必须注册领证。这种无政府状态使得金融业经营的投机性和风险性很高，极易诱发金融危机，据统计在 1840—1911 年的 71 年间，中国就发生了 11 次规模较大的金融危机，平均六七年就发生一次，远高于西欧大约 10 年爆发一次金融恐慌的频率，严重干扰社会经济正常运行。

随着中国银行业的创新发展，银行数量不断增多，银行的脆弱性对经济破坏问题日益显现，迫使管理层开始重视对银行业的管理问题。清政府于 1908

---

❶ 中国人民银行上海市分行 . 上海钱庄史料 [M]. 上海：上海人民出版社，1978：805.

年批准颁布了我国第一部银行法——《银行通行则例》（以下简称《则例》）。《则例》作为中国第一部管理普通银行的法规，既统一了对银行的认识，又为银行业的监管提供了条件。

首先，《则例》首先确认了度支部在银行监管中的主体地位，履行对银行业设立及经营业务的监督管理。规范了何为"银行"及银行从业的业务范围。"凡开设店铺经营左列之事业，无论用何店名牌号，总称之为银行，皆有遵守本则例之义务。如下：

（1）各种期票、汇票之贴现。

（2）短期折（拆）息。

（3）经理存款。

（4）放出款项。

（5）买卖生金生银。

（6）兑换银钱。

（7）代为收取公司、银行、商家所发票据。

（8）发行各种期票、汇票。

（9）发行市面通用银钱票。"❶

其次，根据《则例》、注册章程等，规定了银行准入的各种规则。"凡欲设立银行者，或独据资本，或按照公司办法合资集股，均须预定资本总额，取其殷实商号保结，呈由地方官查验转报度支部核准注册，方可开办。"同时对呈报的事项、注册时间、分支行设立、组织变更等做了具体规定。

---

❶ 中国第二历史档案馆，等.中华民国金融法规档案资料选编（上）[M].北京：档案出版社，1989：145-148.

最后，关于对银行监督检查制度。一方面是银行每半年向度支部报告，另一方面是政府对银行的检查。"凡银行每半年须详造该行所有财产目录及出入对照表，呈送度支部查核。如有特别事故，应由度支部派员前往检查各项簿册、凭单、现款并其经营生意之实在情形，此外各项贸易事业，公家概不干预。如官有藉（借）端需索等情，准该行呈禀度支部查明，从严参办。"同时《则例》对银行的营业时间、停业、歇业、处罚措施等事项做了具体规定。

《则例》中明确规定了银行的定义、性质及注册制度，明确了度支部对银行的监督管理职责。可见《则例》是依据金融机构的业务性质而非依据其名称来对银行进行监管，这样就把兼营存放汇、贴现、发钞业务和银钱兑换业务的钱庄、票号等都纳入监管的视野中。随后清政府又先后出台了《普通银行则例》《储蓄银行则例》《殖业银行则例》《现行银行注册章程》及一系列补充说明，形成了大致的监督框架，初步构成清末中国银行法律制度体系。诚然，由于刚刚立法，有一些条例制定过于简单，甚至在执行过程中流于形式，未能真正发挥监督之功效。北洋政府时期和南京政府时期政府通过进一步增发一系列法律，进一步规范了中国银行业的经营。

除此之外，一系列新式法律如公司法等法律不断颁发，使企业家和企业的法律地位得到确立，并对企业财产所有权和经营自主权做了规定。从制度上激励了微观企业的生产积极性，引导民间微观主体的经济活力，并对市场秩序和竞争行为进行了初步规范。鸦片战争前，民间存在的主流是合伙经营方式，随着晚清国门被迫打开，外国资本组织形式首先由外国商人带入中国，公司制度出现，随着19世纪洋务运动为开端，随着官督商办、官商合办到后来的商办等新型企业组织模式的推广，在市场和竞争的引导下，中国近代企业家们不断探索和改进企业制度，从旧式企业制度转到新式企业制度，从产权主体一元化到多元化；从无限责任公司到有限责任公司，为中国近代企业的产生奠定了制度基础。

这些立法的产生从根本上触动了山西票号的利益，作为传统金融业的山西票号，在其发展的相当长时间内，主要是通过号规自律、行规约束和隐形契约来发展和维持。一旦被置于清政府约束与监管之下，票号陷于自身矛盾和相互冲突的混乱之中，无所适从。对于注册要求而言，倘若按照规定注册，对于票号来说债权债务都要公开，而且无形中增加了经营的成本并抑制了票号的进一步扩张；如果不按要求注册，又不准继续营业，左右为难。各票号频频商议，反对注册。"再查票号与银行不同，银行的资本虽不下数百万之多，皆由集股而成，股非一人，东非一自姓；票庄乃一姓之本，即使合股亦不过三五家合开，此其不同者一。且各字号无论资本多寡，皆足以取信于人，自设立票庄以来，无论官商款项，从未错误，但有外行失信于票庄者，从无票庄失信于外行者。况经咸丰年间法逆之乱，地丁银饷皆由票庄汇兑，从无错误，有案可查。即近年庚子质（之）变，无论京外各庄，从无一款失信，此由中国商民所共见共闻，非如新立字号不足取信于人。应请大部定章：凡在奏案以前开设者，不必以所奏章程衡之；凡奏定章程之后新立字号，皆须遵章办理。如此分别，似较妥协。"❶ "度支部奏定银行则例，凡具有银行性质者，必须呈本验资注册，如处处有银行程度，仍须（需）悉遵其规则方准开设，否则存款汇兑皆不准做。原限三年实行，近闻有人奏准六个月后，即照此办理。

---

❶ 李宏龄. 同舟忠告 [M]. 太原：山西人民出版社，1987：67-68.

试问我行果将一律闭歇乎？"❶而清政府当局却很坚定，反对无效，照章注册。
"前准度支部咨送银行则例，内载勿论官办商办各种银行暨票庄、钱庄、银号，
凡有银行性质者，均须赴部注册等语。业经检查历年注册总簿，其为银行呈
请注册者四家；其关于银行性质，若票庄、银号、钱庄等十三家，抄录清单
咨送度支部备案去后。兹复准度支部咨送注册章程，内载有已经在农工商部注
册者，准以注册之日，作为本部注册之日，分别呈请补领执照等因，并附章程
前来。合行将度支部银行注册章程札寄该商会，转饬该号商遵照即可也。"❷
在清政府的一再催促下，全体票号分三次注册。1909 年 9 月，义善源、源丰
润票号由京师商务总会备文随同银号、金店等 45 家注册。❸1910 年 1 月，日
升昌、蔚泰厚、蔚长厚、大德通等 22 家票号，由京师汇兑庄会转呈京师商务
总会报度支部注册。这 22 家票号总分号共 358 个。❹随后，三晋源、大德
通票号注册。三次注册共有票号 26 家，其中 22 家总分号 358 个，全体票号
总分号约 400 多个。这一注册制度增加了票号经营的成本并抑制了票号的进
一步扩张。

为了加强对银钱行号的管理，度支部除了实行注册管理之外，1910 年又
制定了银钱行号抽查章程，颁布登记簿式，并首先在京城试行。各票号、账庄、
金银号等担心政府实行金融稽核会带来社会对银钱行号信用的质疑，都反对
政府实施银钱行号抽查章程，认为"抽查章程，登记簿式，扰乱营业，与市

---

❶　参见太原监狱石印史料，1917 年。

❷　参见《农工商部札各商务总会饬遵照度支部注册章程文》光绪三十四年，《大清光绪新法令》第
　　十册第 80 页。

❸　参见度支部档，京师商务总会宣统元年八月文。

❹　参见天津商会档，直隶总督陈夔龙宣统元年十二月二十五日札文。

面大有关碍，实在不敢遵办。汇兑创业由来已久，惨淡经营百余年，信行洋溢二十二省，其东皆为巨富，号规极属谨严，内则并无官股，外则不借洋款。每当市面恐慌，惟汇商屹如山立，不为动摇，而且出其盈余均能持危机扶颠倒。比如庚子变后，汇商来京清理，虽是各收损失，不使存户吃亏，久为人所共见共闻，此明证也……所有各商不认册报抽查情形，理合牒复贵总商会鉴查，伏乞转呈农工商部堂大人慈鉴，体恤商情，咨行度支部堂公部大人核夺。须至牒复者" ❶，致使抽查章程未能付诸实施。在当时法治观念淡薄的情况下，清政府依法监管金融业的阻力是很大的。当时各家票号对《银行通行则例》建立的金融稽核及监管制度持抵触情绪和行动，以致有些防范金融风险和保护存款人利益的措施未能实施。

山西票号在其发展的一百多年间与政府建立了特殊的官商关系，它们通过结交官吏谋取利益，进而以寻租的方式解决信息不对称的问题，有效地降低交易费用。不仅如此，这种官商关系还为山西票号带来了许多特权，并为其创造了一系列收益。随着近代一系列法律法规的颁布和实施，打通了官商之间互动和对流的通道，官商结合的经济绩效递减，而交易成本和风险则不断增加。山西票号在官商关系上则被锁定在一种低效甚至无效的状态，对其发展造成了严重的影响，最终导致其走向了衰亡。

---

❶ 度支部档，农工商部宣统三年正月十五日咨文附件。

第六章 制约山西票号向近代银行演化的内部因素

随着近代工业的兴起，市场对金融需求日益多样化，面临中外银行强劲的竞争和排挤，票号业务和收入不断下降。究其原因，除了经济环境、政府政策等诸多外部因素的影响和冲击之外，票号业内部的资本构成、组织管理模式、经营理念等诸多的缺陷和不足是制约其发展的根本内因。尤其是在近代工业规模不断扩大的时代背景下，山西票号固守流通领域的高额利润，未能将投资近代工业向纵深发展，导致其与近代工商业发展极不适应，直至由强转弱、由盛而衰。追根溯源，山西票号商人的保守性和封建性是中国近代二元制经济结构之下传统商人社会价值观念的深刻体现。

6.1 传统金融业的内生性制度缺陷

山西票号是由传统商号转化而来的，因此它沿袭了传统商业组织的独资或合伙经营的资本管理体制、所有权和经营权分离的经营管理模式及无限责任制度等，这些制度使票号在早期获得了很大的发展。但随着政治经济形势的变迁，这些制度所固有的内在缺陷使其在发展的后期难以适应不断发展的金融市场竞争的需要。

6.1.1 资金来源仍是合伙制的延伸

由于生产力发展水平低，生产社会化程度不高，信用关系比较简单，融资能力有限，传统金融业的资本组成形式主要表现为独资制或合伙制。票号产生之初主要为独资经营，因此开办时资金规模就十分有限。到了清朝末年的繁荣时期，多为合伙出资，尽管体现了部分的股份制特征，但由于受到地缘、血缘关系的局限，其以资本来源创办者的血缘关系为纽带展开，很少征集社会关系之外的社会资本，因此决定了股本数额规模相对狭小，资本运作基本集中在传统人际关系为准则的范围之内。在其经营的过程中，即使开展存款和放款业务，但很大程度上局限在业务伙伴的范围内开展，没有完全发挥调度全社会资金的功能，仍然是合伙制的延伸。

票号资本规模的局限性可通过其开办时正本银规模可见一斑，日升昌票号开办时，东家李氏投入正本银30万两，1万两为1股，共计30股。根据《山西票号史料》统计，有正本银记载的山西票号有19家：日升昌，30万两；蔚泰厚，9.5 万两；蔚丰厚，17 万两；蔚盛长，20 万两；新泰厚，15.6 万两；天成亨，6 万两；协同庆，3.6 万两；蔚长厚，15 万两；宝丰隆，13 万两；合盛元，6 万两；大德通，6 万两；存义公，6 万两；长盛川，16 万两；大德恒，6 万两；志成信，3.4 万两；协成乾，6 万两；锦生润，6 万两；巨兴源，3.2 万两；永泰庆，6 万两。❶ 可见，19 家规模最大、影响最广的票号资本加起来只有 194.3 万两，平均每家 10 万两。而且，随着经营规模的扩大，票号资本一般不再增加银股的数量，而只增加护本等资本。如大德通票号的资本在 1884 年共 10 万两，经过 20 多年的倍本到 1908 年合计 22 万两。倍本没有分红权，仅能获得利息收益。这种现象反映了票号的经营者处于利己的动机，一方面为了厚实资本，要求财东增加资本；另一方面又防止银股数量增加稀释其股权收益。体现了以财东为核心的资本所有者群体和以大掌柜为核心的经营者群体利益博弈的过程，最终制约了票号资本实力的不断扩大，无法与资本雄厚的现代银行抗衡。

6.1.2　产权界定不清晰

根据科斯定理，合理的金融产权制度可以清晰界定金融产权的边界，在这种制度安排下，能够给经营管理人员提供足够的约束和激励，使个人的收益和付出呈正相关关系，同时个人的行为与其责任也应该呈正相关关系，从而形成有效的责权利制衡机制。科斯认为产权是一个权力束，包括占有权、使用权、收益权、转让权等。当一种交易在市场中发生时，就发生了两束权

---

❶ 黄鉴晖，等 . 山西票号史料 [M]. 太原：山西经济出版社，2002：638-661.

力的交换。产权实质上是一套激励与约束机制。影响和激励行为，是产权的一个基本功能。新制度经济学认为，产权安排直接影响资源配置效率，一个社会经济绩效如何，最终取决于产权安排对个人行为所提供的激励。

将"产权理论"与"制度变迁"相结合是诺思的一大理论贡献。诺思认为，科斯等人创立的产权理论有助于解释人类历史上交易费用的降低和经济组织形式的替换。根据产权理论，在现存技术、信息成本和未来不确定因素的约束下，在充满稀缺和竞争的世界里，解决问题的成本最小的产权形式将是有效率的。竞争将使有效率的经济组织形式替代无效率的经济组织形式，为此，人类在为不断降低交易费用而努力着。有效率的产权应是竞争性的或排他性的，为此，必须对产权进行明确的界定，这有助于减少未来的不确定性因素并从而降低产生机会主义行为的可能性，否则，将导致交易或契约安排的减少。根据诺思的制度变迁理论，产权结构主要在以下方面推动制度变迁：首先是依靠产权结构创造有效率的市场。诺思研究发现，市场的有效性意味着充分界定和行使产权，市场效率低的根本原因是产权结构无效率，因此制度创新的一个重要内容就是产权结构的创新。其次是依靠产权结构推动技术进步。一套鼓励技术变革、提高创新的私人收益率使之接近于社会收益率的激励机制就是明晰创新的产权。

产权是金融制度变迁的内生变量。在西方，金融制度是伴随着排他性私有产权的建立和完善而发展起来的。金融企业从独资、合伙制、股份制，企业的产权形式日趋完善。"鸦片战争以后，西方的产权制度也被引进了中国，但这种产权制度并没有宪法层面的保障，也没有成为中国人神圣不可侵犯的信条。中国传统社会的那种不完全的私有产权，在政治强权的形态下有可能

重新萌发出来。"❶

　　商业银行的产权制度随着历史的发展不断演进，经历了从早期的自然人产权制度到现代的法人产权制度的变迁。产权是一组权力的组合，包括对资产的使用权、用益权、处分权和转让权，而且平乔维奇认为："最后两个方面是私人产权最为根本的组成部分。它们确定了所有者承担资产价值的变化的权利。"❷

　　自然人产权制度的缺陷除产权主体单一，导致资本不足，业务经营狭窄，抵御风险能力低下外，最为主要的是产权的不可转让性和分割性，导致经营组织产权制度的"不完全、不充分、不独立"。

　　山西票号股份基本为晋商家族所持有，财东数目少，股权持有主体的多元性不足。这种产权制度类似于自然人产权，形式上是股份制，由入股的票号资本家对票号承担无限责任，经营者是干股，票号实际上是经营者和资本家对资本盈利共享，亏损不共担。从产权界定上来看，山西票号应该是票号所有者的，但实际上票号的命运则掌握在总经理等经营者手中。从产权配置上来看，山西票号责、权、利配置不当，东家有责有利无权，而经营者有权有利而无责。这种不清晰、不明确的产权制度有其致命的制度缺陷。在山西票号发展的后期更是出现了票号经营者的身股数超过了票号资本家持有的银股数，也就是说此时不承担任何亏损责任的身股数超过了承担无限责任的银股数，例如，大德通票号在1889—1908年银股数一直是20股，身股则由9.7股增加到23.95股。协成乾票号1860—1906年银股数始终是13.25股，身股

---

❶　杜恂诚.金融制度变迁史的中外比较[M].上海：上海社会科学院出版社，2004：11.

❷　平乔维奇.产权经济学[M].北京：经济科学出版社，1999：29.

则由 3.9 股增加到 17.5 股。导致的必然结果是经营者出于利己动机，对资本利润的追求加强，而对资本安全的考虑降低，在巨额利润的诱惑下，票号经营层改变了以汇费收入为主的模式，转而将放款利息作为主要来源，出现了贷款普遍大于存款的局面，尤其在票号实行信用放款的制度下，增加了票号经营的风险（见表6.1）。

表 6.1　1913 年 9 月 14 家山西票号的存放款情况统计表 ❶

单位：两

票号	存款	贷款	贷大于存	票号	存款	贷款	贷大于存
天成亨	1 339 200	1 857 300	518 100	蔚长盛	1 095 200	1 275 500	180 300
日升昌	2 959 757	3 435 607	475 850	协同庆	2 651 055	3 284 089	633 034
蔚泰厚	2 062 610	2 720 671	658 061	存义公	1 503 040	1 944 040	441 000
蔚丰厚	1 896 200	2 387 343	491 042	锦生润	695 916	947 548	251 632
蔚盛长	1 831 346	3 135 533	304 187	大德川	498 617	507 422	8825
宝丰隆	2 594 932	3 319 494	924 561	协成乾	1 700 304	2 024 210	323 906
百川通	3 050 576	3 503 928	453 352	新泰厚	1 212 955	1 966 691	753 736
				总合计	25 091 708	31 509 295	6 417 587

现代银行产权制度克服了自然人产权制度的缺陷，实现了产权主体从单一性向多元化的转变，将企业的原始所有权分为法人所有权和股权，股东仅通过拥有的股权实现其共益权和自益权。法人则把股东的权能集中到自己手中，以实现公司利润的最大化。

---

❶　参见《北洋政府档案》，机关代号 1027，卷号 206。

6.1.3 固守无限责任制

山西票号采取资本所有权与经营权分离的经营管理体制，东家对票号的盈亏承担无限的责任。山西票号的这种无限责任制，是从山西商人那里搬来的。而山西商人的这种无限责任制，乃是康、乾时代国泰民安、市场竞争并不激烈时的产物。其时，东家可以凭借其雄厚的资本偿还所有的亏损，所以东家对于商号的全部亏损愿意如数赔偿，亏损多少就赔偿多少。晋商之所以坚持这种无限责任制，同他们"诚实守信"的经营理念是分不开的。在他们看来，如数偿还亏损和欠账，是"诚实守信"所要求的，是天经地义的事。这种无限责任制在晋商的兴起和发展史上，曾经为他们赢得了极高的社会信誉。

无限责任制与有限责任制的区别，在于赔偿亏损有没有一个界限问题。在有限责任制下，东家所负的赔偿责任，仅限于投入企业的资本总额，超过投入总额以外的债务，概不负责赔偿，而且这种赔偿办法是受到国家法律保护的，这就叫有限责任制。因此，在有限责任制下，即使一个企业的资本全部损失殆尽，也不会损伤东家的其他企业及他的全部家产。而在无限责任制下，则大不相同。在无限责任制下，东家要负责赔偿包括投入企业资本总额以外的全部债务。比如说，东家投入票号的资本总额是 50 万两白银。在有限责任制下，即使这家票号的债务高达 60 万两白银，但这家票号负责赔偿的亏损数额，仅以 50 万两为限。超过 5 万两以外的债务，东家就不承担赔偿的责任，而且在法律上是受到保护的。也就是说，东家不承担赔偿资本总额以外的债务，是受到国家法律保护的。而在无限责任制下，则东家就要对这 60 万两的债务，全部要进行赔偿，一两都不能少。所以，就势必要牵连到东家所开办的其他企业的倒闭和东家的破产。这种情况对经营票号者来说，威胁尤其严重。因为票号业务是在一些重要因素不确定的条件下，对资金进行跨区域配置的，所以信用风险特别大。而无限责任制的这个缺陷，早在咸丰年间（1851—1861）就已经明显地表现了出来。光绪十年（1884）时，谦吉升票号就是在无限责任制的牵连下倒闭的。谦吉升票号的倒闭，首先是从苏州分号开始的。苏州分号有存款两万余两，按说有款可抵，但因市面银根紧张，一时汇划不灵，于是发生支付危机，苏州分号不得不于光绪十年（1884）2月宣布关闭❶。苏州分号的倒闭，又牵连到了汉口分号。紧接着，同年4月，汉口分号也"出于（乎）意料"地关闭了❷，苏州分号和汉口分号的倒闭，迅即导致长江流域多家分号的倒闭。苏州分号因亏欠客户，号伙被长洲县地方关押起来，直至10月16日，该伙友因案无了日，服鸦片自尽❸，致使整个谦吉升票号，名誉扫地，全行业关闭。

鸦片战争以后，中国发生了巨大而深刻的变化。随着外国侵略的不断扩大和加深，中国的商品市场已经成了西方资本主义世界市场的一个组成部分，金融市场的竞争尤其激烈，工商铺户和金融机构破产倒闭现象接连不断。在无限责任制的牵连下，山西商号和山西票号破产倒闭现象亦时有发生。在这种形势下，山西票号没有也不可能改变无限责任制为有限责任制，原因有二：其一，从山西票号来说，他们在"诚信为本"经营理念的支配下，欠

---

❶ 参见《申报》1884年2月21日。

❷ 参见《申报》1884年5月6日，10月22日。

❸ 同❷。

债是必须偿还的，而且欠多少还多少，根本不可能产生以投资总额为限这样的念头。所以，要山西票号主动将无限责任制改变为有限责任制，那是根本不可能的。其二，从当时国家法律方面来看，第一部银行法——《银行通行则例》，是光绪三十四年（1908）颁布的。在此之前，票号的成立既不需要政府审批也不办理登记手续，只要东家选定大掌柜即总经理后，双方签署一个《合约》，即可宣告成立。山西票号长期以来，一直不受清政府的管理，自然也就不受国家法律的保护；1903 年，当清政府颁布《奖励公司章程》《商标注册试办章程》《商人则例》《公司律》《破产律》等一系列促进经济发展的法令法规，提出顺应世界之潮流，以有限责任公司取代无限责任公司时，山西票号仍然固守自己的传统，迟迟没有反应，错失改革的良机，最终在无限责任制的牵连下宣告破产。

6.1.4　形成"路径依赖"

一个社会制度演变的路径是以前制度变迁的轨迹，在很大程度上制约着制度变迁今后的发展。在诺思看来，正是由于路径依赖的存在，才导致一些经济社会制度安排的高效率。这也告诉我们"历史是至关重要的""人们过去做出的选择决定了他们现在可能的选择"❶。路径依赖是指人类社会中的技术演进或制度变迁有类似于物理学中的"惯性"，即某一个体或组织一旦进入某一路径就有可能对这一路径产生持续依赖。制度沿着既定的路径，有不同的

---

❶ 道格拉斯·C. 诺思. 制度、制度变迁与经济绩效 [M]. 刘守英，译. 上海：格致出版社、生活·读书·新知三联书店、上海人民出版社，2008：1-2.

依赖方向。一是良性路径依赖，二是恶性路径依赖。随着上述因素的增强，制度的强化机制就会产生作用，表现在以下四个方面。

（1）制度变迁存在规模经济效应，一项制度的初始成本将随着制度的推广和运行而下降。

（2）对制度学习的效应，使得制度的适应变得容易，产生了适应效应。

（3）通过适应制度而产生的组织和其他组织逐渐产生协同效应，并形成新的制度联结体，最终形成统一的具有互补性的制度体系。

（4）在既定的制度环境中，人们对制度会持续下去的预期普遍化，接受该制度调节的行为普遍化，反过来强化制度的预期。

"制度依赖"理论认为，个体或组织在初期进行制度选择后，后续制度如果延续现存制度将比寻找与现有制度不同的新制度更节省成本，同时面临的不确定性较低。此外，现有制度将培养既得利益集团，该集团拥有强大的力量维持或加强现有的制度安排，并具有主导地位。因此，这个集团将阻止任何试图改变现有制度路径的改革，即使新的制度安排比原制度更有效率。初始制度变迁对后继变化形成持久影响，由此产生路径依赖，为了避免制度的"路径依赖"，个人或组织应明确制度变迁的长期目标，不断调整和优化制度变迁的路径。

山西票号由于制度变迁主体对收益—成本的预期不一致，未能跳出既定的路径模式进行主动的革新，在长期的发展中形成恶性的制度"路径依赖"，造成了最终阻碍其发展的锁定效应。首先，山西票号发展的早期由于依托与政府官款的往来，几乎垄断了清政府全部的官款汇兑，赢得了巨大的利润，进而形成了一种特殊的官商关系。随着政治经济形势的变迁，票号对政府的严重依赖弱化其抵御市场风险的能力，也铸就了票号的惰性思维，使其逐渐丧失了制度创新的动力。其次，由于票号最初创立就是服务于流通领域——异地汇兑资金，它的存贷款业务也主要是从汇兑业务中延伸出来的。因此票号陷入重视传统工商业而不重视近代工业的"路径依赖"。然后，票号的后期发展模式一度陷入线性思维，只关注与自身业务相关的信息，而忽视了诸如政治经济制度的变革、交通方式的革新、科学技术的发展等。票号是在科学技术相对落后、交通通信不发达的时代建立起来自己的一套经营网络体系的，主要服务于商品经济相对落后的大环境。随着科学技术的不断革新，票号固有的业务优势已经消失殆尽。当李宏龄提出改组票号为银行的思想时，无论财东还是总经理，都对票号的发展充满信心，此时的改革建议很难被接受，陷入了"路径依赖"的旋涡难以自拔。

道格拉斯·诺思认为，制度变迁最重要的是"学习"。"在和社会变迁相关的时间维度中，人类的学习过程决定着制度的演进方式。……这里的时间指的不仅是某个人一生或社会中的某一代，个人、集体和社会的这种学习是通过时间累积起来的，并且是由社会的文化在代际传承的。"❶中国近代银行的设立，最终经过对西方银行制度的探索学习，通过嫁接国外新式银行模式，寻找制度变迁的新路径，并实施自下而上的诱致性制度变迁，从而打破了对原有制度的路径依赖，不断适应技术的革新、市场的扩张，使制度变迁路径沿着效率更高、成本更低的轨迹演进。

---

❶　道格拉斯·诺思.时间进程中的经济成效[J].经济社会体制比较，1995（6）：18-23.

6.1.5　交易费用日益增加

按新制度经济学的观点，制度变迁就是为了寻找旧制度内所不能够提供的收益机会而进行的。对企业而言，这一过程的实现主要是通过企业不断寻求最低交易费用的方式来进行的。企业制度作为经济制度的有机组成部分，当然也会遵循节省交易费用的总目标。"企业和市场不过是经济组织的两种可以相互替代的手段，交易无论是在企业内部通过等级制来组织，还是在企业之间通过市场自发地进行，都是一种决策变量，具体采取哪种方式，则要在比较两种交易成本的高低之后决定。"❶每一种企业制度形态及相关制度的产生都是人们寻求最低交易费用的结果，因为企业和市场可以相互替代，人们往往根据历史条件的演变，在企业和市场之间进行权衡，以确定到底建立什么样的企业制度、市场制度及其他相关制度。

与制度相关的交易费用包括两层含义：① 维持一项制度的费用；② 进行制度创新的费用。科斯在《企业的性质》中提出的，他认为交易费应包括度量、界定和保障产权的费用，发现交易对象和交易价格的费用，讨价还价、订立合同的费用，督促契约条款严格履行的费用等。对于交易费用概念的解释，学术界的观点基本相同。有些学者对交易费用进行了详细的解释，认为"交易费用"狭义地讲，是指一次交易所花费的时间和精力；广义的含义则包括协商、谈判和履行协议所需的各种资源的使用。虽然交易费用思想最先是科斯提出的，但是他本人并没有对此进行深入的研究和分析。经济学家威廉姆森等人在科斯的交易费用思想的基础上建立起交易费用完整的理论体系。

---

❶ 威廉姆森.资本主义经济制度 [M].段毅才，王伟，译.北京：商务印书馆，2002：29.

威廉姆森在其导师阿罗交易成本的思想基础上，认为交易费用是"经济系统运转所要付出的代价或费用"❶，并将交易费用分为事前的交易费用和事后的交易费用。事前交易费用是指在契约选择中发生的直接和间接费用，包括取得有关信息的成本和草拟、协商及维护协定的费用。此外还包括"逆向选择"带来的成本增加。事后交易费用来源于契约的不完备，不能完全自我实施及不能应付人的行为和偶发事件等所有可能的方面。这些费用包括以下几项。

（1）解决纠纷及建立和运行管理程序的费用。

（2）应付契约中实际条款不适应情况的费用，包括重新谈判的费用。

（3）监督契约执行的费用。

（4）将契约各方联合在一起继续合作的费用。

（5）由对契约条款的歪曲（即"道德风险"）所带来的费用。❷

威廉姆森进一步将交易费用分为直接费用和间接费用。直接费用包括以下几项。

（1）为获取契约各方所需信息的费用。

（2）各方谈判，就契约协议达成一致的费用。

（3）把所有规定传达给各方的费用。

间接费用包括监督和实施契约条件的费用以及不履行契约所带来的产出损失所造成的费用。关于交易费用发生的原因，根据人性因素和环境因素的交互影响，威廉姆森提出了六项交易费用的来源即有限理性、信息不对称、投机主义、不确定性和复杂性、气氛和专用性投资。

---

❶　威廉姆森. 资本主义经济制度 [M]. 段毅才，等译. 北京：商务印书馆，2002：32.

❷　林毅夫. 再论制度、技术和中国农业发展 [M]. 北京：北京大学出版社，2000：26-27.

票号是在近代初期交通不便，运送现银困难，为了减少镖局运现风险和成本的情况下而发展壮大起来的。票号的兴起和发展是我国传统金融机构组织制度的创新，它的产生弥补了账局只经营存款而不经营埠际汇兑业务的局限性，票号实行的埠际间货币清算方式极大地节约了社会交易成本，在当时的社会历史条件下是一种极大的进步。洋务运动后，随着铁路事业的发展，通信方式的便捷，商人们在埠际间的交易以现银结算，交易的成本明显降低。1880年，洋务派开创了中国的电报事业，电报的逐渐扩充，几乎遍及全国的重要城镇。电汇业务的开展，对于票号与各分号之间业务的联络，市场信息的传递及头寸的调拨发挥了非常大的作用，大大地缩短了交易的时间、降低了交易的成本。技术的革新是社会发展的客观要求，是历史的必然。在利用电报业务开设电汇业务上，票号的态度发生了从欣然接纳到排斥拒绝，再到被迫接纳的过程。他们认为："电信报事，虽为速便，又能济急，妙不可言，但事不能瞒人，与事有些不便。"如蔚丰厚票号开办电汇业务不久后决定停办。该号京师分号经理李宏龄审时度势，反对停办汇兑业务，并指出："各省电汇银两已属通行，若咱号一家不用电汇，势必耽误主道……"在历史前进的滚滚洪流中，不进则退，票号业尽管最终也顺势而为，但必须面对的现实是电汇业务的开展使汇兑业务的收交汇间隔时间大大缩短了，票号过去在传统信息传递方式下可以获得的时差收益——得空期收入荡然无存。

此外，随着社会制度环境的变迁，山西票号两权分离的经理管理模式中，由道德风险和信息不对称引发的交易费用上涨的问题越来越严重。在票号经营的过程中主要通过传统文化的"信、义"非正式制度约束经营者，保障所有者利益，但当旧秩序打破，新秩序尚未建立或者建立不完善的条件下，需要有新的制度安排来规定和调解市场中交易主体的权利和义务关系，此时有效的企业治理制度就逐渐发挥核心作用。山西票号在发展的过程中与政府形成了特殊的官商关系，并一度受益于通过这种特殊关系来降低谈判、监督的交易成本。但随着晚清政府权力的下移，近代军阀割据和吏治腐败，在一系列内外战争和强有力的外商竞争下，这种方式变得越来越无效。而且随着近代中国日益融入世界资本主义市场体系之中，国内市场逐渐被外商所操纵，票号通过官商关系取得高效廉价市场信息的传统方式也遭到了破坏，传统官商结合的路径依赖导致交易费用的骤增和经济绩效的递减。

6.2　票号传统业务优势丧失盈利骤减

6.2.1　货币制度改革致使平色余利的消失

明清之际，中国的货币制度极为混乱，这也是票号之所以能够利用本平制度大获其利的关键所在。受到历史上长期沿用的货币制度和管理的影响，中国仍然实行银钱并行的货币本位，即银两和制钱并行流通。银两和制钱都不是完整的本位币，在市场上按照自身的内在价值流通，不能自由铸造，而且他们都是一种称量货币，在流通中必须称衡重量和鉴定成色。这种不完整的"平行本位制"给社会经济带了极大的影响：首先，在这种"平行本位"下，不仅存在两种金融货币内在价值变动带来的商品价格体系的变动，而且还由于银钱等级和银两成色的不一致，表现出商品价值的不统一，极大地阻碍了商品的交易。其次，在民间交易过程中，一般使用制钱较多，而很少使用白银，白银在使用过程中需要到钱庄或大型商号兑换，增加了交易的成本。最后，政府尽管标榜"银钱并重"，但实际上都是"重银轻钱"，因为政府财政收支主要以银两为主，导致白银独占货币的储藏手段职能，银钱的货币职能不能充分发挥。民国前期，国民政府实施的货币制度改革对票号的业务形成了巨大的冲击，致使票号的平色余利收入日渐消失。北洋政府时期进行的"废两改元"币制改革，使全国的金融制度得到了统一，对商品经济的发展和繁荣发挥了积极的推动作用，但对于票号的平色余利业务带来了致命的冲击。

6.2.2 技术进步致使汇兑时差收益骤减

票号初设时期，异地之间的现银运送主要依靠传统的牲畜驮进行融通。20世纪初，随着中东铁路、京绥铁路等铁路运输业的开通及海路的拓宽，异地之间现银的运输时差明显缩短，同时由于通信条件的改善，电信业务开始兴起和推广，虽费用相对较高，但方便、快捷，极大地缩短了交易时间。票号运营到后期，由于交通运输条件的改善和电汇业务的推行及利用，异地资金传输的时差逐渐缩短，使得依靠"得空期"的时差获得利润的时代一去不复返。

6.2.3 信用放款导致经营风险增加

在抵押放款早已成为西方银行重要经验的背景下，票号在借贷业务中，"借款以无抵当之信用贷借为限（即无抵当之物而恃信之假以款者），只须（需）

得一二保证人而已足"❶，仍偏重信用，偏重人际关系，执意只做信用放款，使
贷款收回缺乏物质基础。尤其是在近代工业产生和发展之后，工矿企业无论是
从规模还是从经营风险上都比传统商业大得多，而企业的经营者仅靠个人信用
根本无力承担贷款风险。在这样的情形下，银行信用方式必须与之相适应，除
了信用放款外，必须举办抵押放款，才能使放款收回建立在有物质保障的基础
上，减低贷款风险。"盖山西票号，向重信用，不重契据。不做押款，此为
各帮所同"❷。在正常商品经济发展的情况下，靠"酌盈济虚，抽疲转快"的
敏捷的经营手腕，尚可应付，一旦发生经济危机或战争，出现金融恐慌，贷放
给钱庄、商号的款项根本无法收回。据天成亨、日升昌、蔚泰厚等 14 家票号
在辛亥革命期间的统计，它们在全国的债务为 2509 万余两，而债权为 3150 万
余两，两相抵消，债权大于债务在 640 万两以上。❸ 这 14 家素具声誉的票号，
虽做了多种努力，但毫无成效，在辛亥革命后的几年中，都未能逃脱闭歇清理
的结局。可见，这种营运模式使得票号放款业务具有极大的风险，脆弱性
明显。

6.2.4　近代产业的融资需求导致金融业盈利模式的变化

随着近代产业发展，企业对资金需求量的日益增加，从西方发达国家的
经验来看，企业的资金来源除自有资金外，主要依靠商业信用、银行贷款等

---

❶ 黄鉴晖，等.山西票号史料 [M].太原：山西经济出版社，2002.

❷ 徐珂.清稗类钞（第 13 册）[M].北京：中华书局，2010.

❸ 同❶：502.

方式提供。近代银行业的主要盈利方式是依靠存贷差，吸存是银行的负债业务，其盈利主要来源于贷款。而山西票号的盈利点在相当长的时间仍然主要是依附于埠际间汇兑，动员储蓄并将储蓄转化为投资的金融机制十分落后。尽管在甲午战争之后，票号的业务也发生了转向，放款在业务总量中占据了重要的地位。但在金属货币制度之下，票号的存放款业务是寓于汇兑业务之中的，票号的存贷款是服务于汇兑业务的。如票号的顺汇和逆汇，就是存汇结合和放汇结合的典型例子。顺汇是甲地先收款，乙地后付款的汇兑方式。乙地分号办理交汇要使用本号的银两，而不是收汇地运来的银两。但交汇的时间和规模又是不完全可控的，因此，票号为了随时应对交汇的需求，对于那些交汇需求大的票号必须吸收一部分存款作为准备。逆汇则是乙地先付款、甲地后收款的汇兑方式。尽管票号通过为商号垫资获得了一笔利息收入，相当于现在银行的贷款业务，但对于票号来说由于收汇和交汇时间的不可控，为了随时应对可能发生的交汇需求，票号业不能把这些银两用于长期贷款，而且票号的"放款对象以钱庄、官吏及殷实铺户为多"●，主要是对钱庄做一些短期的拆借。据日升昌票号 14 个分号光绪三十二年（1906）营业收入统计，汇费收入（包括贴费）共311 283 两，占到营业收入的 50.51%，放款收入 285 063 两，占到营业收入的46.52%，平色余利收入 7 540 两，占到营业收入的 1.16%。● 可见，在相当长的时间内票号的盈利来源中汇费收入仍然占据半壁江山。随着市场对金融需求的不断升级，金融业的盈利模式也应逐渐多元化，并随之发生相应的转型。

● 陈其田 . 山西票庄考略 [M]. 上海：商务印书馆，133-134.

● 黄鉴晖，等 . 山西票号史料（增订本）[M]. 太原：山西经济出版社，2002：481.

6.3　山西票号合组银行的三次失败尝试

面临着帝国主义银行遍布于全国各地之重要通商口岸，各省官银钱号的设立与承汇地方公款，邮政局开始经营小宗汇兑，乃至交通运输条件的改善、货币制度的改革等不利的外部环境，对以银两汇兑为专业的票号的存在和发展造成了威胁。尤其是户部银行的建立，使票号不仅失去了过去在金融市场上的垄断或主要势力的地位，同时连票号固有的汇兑业务都遇到了竞争，存放款业务也有被抢夺的危险。在这种情况下，票号中的有识之士都主张改革，合组银行，社会舆论也希望票号能够合组银行，以与外国银行抗衡。从 19 世纪末 20 世纪初近 30 年的时间内，票号有三次向近代银行转型的最佳历史机遇，但均与之失之交臂。

1897 年，通商银行成立时，盛宣怀曾邀请票号入股，"故第设通商银行，拟于通商大码头用洋人为总管，于内地各商会用晋人为总管……拟将湖南、湖北、四川、陕西、山西数省专用西帮，仍悬通商银行招牌，而悉照西号办法。即请阁下速将函中所言之平遥巨手代为延定……一如此不能来，弟亦决计要用西帮，但访求殊不易得" ❶。此时，正在筹设的官办银行也都邀请票号参股重组银行，但均遭到票商的婉言拒绝。光绪二十九年（1903）袁世凯以直隶总督兼北洋大臣的身份邀请山西票号加入天津官银号，但票号拒绝。光绪三十年（1904）户部尚书鹿传林奉谕组织大清户部银行，邀请票号加入股份，并请票号出人组织，"北京各汇票庄主人商酌分行及入股等事后，闻各

---

❶　北大历史系 . 盛宣怀未刊信稿 [M]. 北京：中华书局，1960：73.

号主人力陈此举之无利，决不承当此重任"❶。此时，票号北京分号经理的态度多数是支持的，但票号内部实行的是总号经理独裁制，而总号经理墨守成规，一次次错失合组银行的良机。

辛亥革命后，随着形势的剧烈变化，原来坚决反对合组大银行的票号总号经理也改变了态度。然而，时过境迁，此次合组银行的客观形势与条件毕竟是大不相同了。这次改革要求各票号认股三五万两，面向社会公开召集资本，利息是每月4厘，成立股份有限公司的组织形式。虽危机四伏，但票商的资力还较雄厚。但此时票商合组银行面临的是筹资困难。1913年，各票号协商向外资银行、同蒲铁路、保晋矿务公司筹资，同时向北洋政府提出向拟工商部借款50万，由16家票号连环互保，自成500万，合成1000万组织一大银行，即汇通实业银行。票号本准备向美国银行进行借款，而且已将借款合同草稿交于美国银行团，准备商议。但恰遇第一次世界大战爆发，而且美资银行要求以某省征收之地税为抵押品，若无此项地税之条款载明，借款一事断难允行，因此向美资银行贷款的计划以流产告终。万不得已，票号向山西政府催还路矿借款，恳请以山西历年亩捐存款项下拨还路矿借款，改组银行。终以"同蒲铁路早经收回国有，未便再由省拨款"为由推诿。山西票号第三次组建银行的尝试也因资本无法落实而失败。尽管蔚丰厚北京分号经理郝登五于1915年将蔚丰厚票号改组为蔚丰厚商业银行，该行额定资本300万元，采用股份有限公司组织形式，经营商业银行的一切业务。但作为个案不能代表行业整体发展的趋势，况且由于内部资金周转不灵，1920年蔚丰厚商业银行还是宣布倒闭。

---

❶ 参见《北京票号反对》，《大公报》1904年4月19日。

纵观票号三次合组银行的过程，新式金融机构的兴起并未能引起正处于发展极盛时期的票号商人的重视。终有一日，中外银行的发展对票号业务带来了致命的打击。但改革是有巨大代价的，必然会触动部分管理者的利益，在既得利益者和顽固守旧者封建思想的束缚下，票号商人一次次错失对市场形势的准确预判和把握，一再地错过重组银行的关键时机，尽管最后一次票号经理们审时度势，达到了空前的一致，但时不再来，最终只能无奈地选择维持现状。

6.4 山西票号向近代银行演化失败的文化归因

金融业的经营必须植根于其所处的历史文化氛围。中国传统文化中"诚信笃实"占据重要的地位，作为中国银行业的雏形，山西票号之所以能够"汇通天下"，凭借的是恪守诚信的信条，这也正是适应了当时的社会文化环境。水能载舟亦能覆舟，是对事物两面性的深刻揭示。中国传统文化既对山西票号的经营活动发挥了道德约束的积极作用，很大程度上促进了其兴盛。但随着外部环境的剧烈变革，西方文化不断涌入，传统文化受到了全方位的挑战，使得山西票号的经营活动和管理机制处于自身矛盾和相互冲突的混乱之中，对其发展产生了重要的影响。

6.4.1 传统文化对山西票号经营的影响

传统文化是一个极其丰富而又宽泛的概念，它是在社会发展的实践中逐渐形成的。文化是作为人类物质和精神财富的总和而存在的，使一个社会区别于另一个社会。传统文化不仅形成了社会主流的世界观和价值观，而且已经内化到社会成员的灵魂深处，使他们思维理念和行为方式都体现了一个民族传统文化的历史积淀。

中国传统文化的核心是"儒文化"，孔子把其思想都纳入了"仁"的范畴，"仁"是孔子最重要的观念。孟子继承并发扬了孔子的思想，进而提出了"仁、义、礼、智"四端之说，孟子认为，人之四端就像人的身体有四肢一样，是本源在其中的。汉代董仲舒则在先秦各家之长的基础上把儒家基本道德规范归纳为"五常"，即"仁、义、礼、智、信"的伦理观。从此，儒家思想成为长期占支配地位的正统思想，奠定了中国传统文化的深厚根基，极大地影响和规范着中国人的思维方式和行为模式，成为整个传统文化网络的核心，并影响着中国传统社会的演进和发展。

在传统文化的浸润下，山西票号商人在吸收和继承儒家积极商业伦理精神的同时，在经营的过程中形成了一套指导自身行为的经济伦理思想，把儒家文化的"修身、齐家、治国、平天下"的行为准则体现为诚信笃实、重义商德、以义制利等商业文化观。这种文化观作为一种精神动力，构成他们经营管理思想的文化支撑，约束和激励着其商业运作。中国传统的儒家思想对传统金融机构的兴盛变迁发挥了凝聚、行为规范与道德评判等功能，作为非正式制度的重要组成部分对其兴衰产生了深远影响。

6.4.1.1 积极影响

首先，山西票号"以仁为本"在遵循"礼"治的基础上，建立了独具特色的学徒制和人身顶股制。这两种制度无不体现了中国传统文化中"长幼有序""谦恭礼让"的家族伦理观念。为了培养员工的集体主义观念和忠诚意识，票号通过业务培训、职业道德教育和考察考核等环节的封闭式的长期教育，然后量才德录用，程序十分严格。这种学徒制的人事任用制度为票号经营培养了大量德才兼备的管理人才，成为票号经营的骨干力量，也为近代银行的设立提供了人才的支援。顶身股制度是以"诚实守信"的道德规范为基础建立的一种协调劳资关系，调动工作积极性的制度。这种制度通过身股和银股的结合，极大地调动和满足了掌柜和员工的积极性和归属感，并着眼于长效激励和票号的长远发展，有效地增强了票号凝聚力和对外竞争力。

其次，山西票号的所有权与经营权部分分离的经营管理体制体现了其在用人制度上"重信义"的理念。东家对总经理候选人经过严格考察，确认其德才兼备，能够胜任该职位后，便以重金聘用。票号的经营管理事务完全交与总经理，财东不加干涉。而经理也以"义"报之，"经理倘视环境不佳，恐将损及血本，必挥其铁腕预筹退步，决不肯稍有疏虞。故营业范围，系以环境为比例，活动为主旨，务使操纵自如，决不行险侥幸，致得个人人格，同事地步，财东资产，此义之表现也。"❶可见，财东和经理之间的关系是建立在相互信任的基础之上，构成了整个票号用人制度的良性循环。

最后，山西票号"制约互利"的联号制极大地促进了其经营规模的扩大和业务的拓展。在联号制下，票号在总经理的统一指挥下，在全国各处开设分号，资金由总号统一调度，统一管理，减少了中间环节，降低了经营成本和风险，提高了经营效率和经济效益。各号之间"酌盈济虚""抽疲转快"，各分号之间既相对独立又相互支持，实现了分号之间的广泛协作，使整个管理系统有

---

❶　参见颉尊三，山西票号之构造（1936 年末刊稿），山西财经学院收藏。

条不紊，为票号的长期稳健发展提供了制度保障。

由此可见，在中国博大精深的传统文化的影响下，山西票号构建了诸多先进的组织和管理制度，它们把共同的道德价值观念内化为约定俗成的规范约束，严格遵守以保障商业的有效运作。

6.4.1.2　消极影响

首先，以儒家思想为核心的商业运行首先依靠的是血缘亲属纽带关系来进行有效的控制，其次才是所谓的法律准则的补充，缺乏对"治人者"的约束力。人治思想是封建社会的特色之一，山西票号东家将一切经营活动的权利都委托给掌柜全权负责，东家概不参与。遇到亏损，东家不仅不会责怪，还会补充资金，期待着来年再有转机。这种"东掌"关系是建立在诚信基础之上的，体现了"用人不疑、疑人不用"的传统文化。但这种思想的前提是知人善用，倘若知人不善，就会出现道德风险。因此当票号总经理的不端行为威胁到票号发展时，股东唯一能做的就是解雇总经理。票号这种二元约束的制衡机制未能向三元制权力制衡发展正是其制度的失败所在。

其次，山西票号以"诚信"道德规范为核心的信用放款制度为其日后的衰亡埋下了种子。在票号发展和极盛期，信用放款制度对于票号的壮大及其盈利能力的提高都发挥了积极的作用。但随着社会政治经济环境的变化，尤其是两次鸦片战争以后，随着西方列强的侵入，信用风险和市场风险不断加剧，导致票号大量放款无法收回。"原来票庄营业，称为'北存南放'，在北京一带吸收资本，在南方放出流动。一旦动乱发生，则资本不能收回，这是票号倒闭的一种原因。""票庄放出的资金，因为革命的影响，丝毫不能流转。其中侥幸能将贷款母银分期收还者，便称上乘，至于利息的交付是局对难办得到的。"❶ 放款的倒欠再加上存款逼提加速了票号的衰亡。"辛亥武昌起义，各省响应，存款的人纷来提款，放出去的一点也收不回来，致使周转不灵，各地分庄纷向山西总号请拨款接济。但总号存款有限，一时均接济各号，是接济不过来的，各分号见总号无钱接济，有的歇业逃归，有的被控入狱。总号经理有一部分看见大势已去，借故辞退，将总号所存的现款，尽先归他提取公积金用。总号之款既已空虚，迨至民国元、二年时，债权人均到山西总号坐索。故股东负无限责任，只得将股东住宅拍卖，股东早恃其遗产为生，无生活能力，形成了早为堂皇冠冕的富家翁，晚成饿殍，沿街乞求，多饿死于道途。"❷ 山西票号所秉持的诚信经营文化，只是一种初级的信用方式，具有极高的风险和明显的脆弱性，它与票号初期发展的社会经济形势之间只是一种简单的匹配。那么当外部环境发生巨大变化时，这种经营模式则不具有任何的优势。

再次，山西特定的地缘文化背景使山西票号在其经营过程中通过外部的非正式约束，如道德、文化等实施的集体主义惩戒机制监督其共同体内成员的行为。一旦商人违反了道德规范，不仅在各分号而且在整个晋商内部都将很难被人信任，等同于自绝商途，这种惩戒机制足以对整个商人集团形成强有力的约束。"向闻西帮贸易规矩最善，定制綦严，倘有经手伙友等亏挪侵蚀等情，一经查出，西帮人不复再用，故西人之经营于外者，无不兢兢自守，不敢稍有亏短，致于罪戾。"❸ 从中可以看出，作为道德约束力量的集体惩戒机

❶ 陈其田 . 山西票庄考略 [M]. 上海：商务印书馆，1912：53.

❷ 卫聚贤 . 山西票号史 [M]. 北京：经济管理出版社，2008：21.

❸ 续劝晋账号捐说 [N]. 申报，1879-5-25.

制在山西票号经营的特定外部制度环境和历史文化中发挥了重要的作用。在这种惩罚机制中，对违规成员的惩罚费用几乎趋近于零，以较低的成本对违约者实施了强有力的约束和惩戒。因此，这种制度在票号经营早期最大限度地节约了因监督、惩罚而产生的费用。随着交易范围和规模的扩大和跨文化交易的不断频繁，经济发展最终必然进入到非人际交换的领域，此时信息的不对称、交易的不确定性导致交易风险的增加。面对出现的诸多问题，需要一种多元化的治理机制，需要有健全的市场秩序和法律保障。

最后，中国传统文化崇尚中庸，注重谨慎稳健的经营原则，经营过程中尽量规避经营风险，缺乏创新驱动。尽管在票号发展早期有诸多方面的创新，如治理结构方面的创新、管理制度方面的创新、经营制度方面的创新等，然而随着其实力的壮大，资金积累越来越雄厚，票商的后继者们失去了创新的外在压力和内在动力。他们一味地固守旧制、拒绝改革，只看到表面的繁荣，导致了最终的衰亡。

6.4.2　矛盾与冲突：中国传统文化与西方文化

现代银行制度源于西方，是在西方文化背景下孕育产生的，有其滋生和发展的特定条件。西方国家在近代化过程中逐步确立的以独立人格，即以人的理性为核心内容的个人本位的价值观，追求个人价值和利益的实现。而中国传统文化与个人本位的价值观是相对立的，个人长期依附于国家、集体、宗族，强调个人价值的实现是通过家族、血缘关系来实现的，是一种典型的家族宗法观念。具体的差异表现在以下几个方面。

第一，西方文化主要是个人主义价值观。在这种价值观下，人与人之间没有更多的关系层次，由于人们是独立存在的，所形成的主要是一种纵向的人际关系，经济交往是通过合约来进行的，因而有利于法治化商业体系的形成。而中国占统治地位的是集体主义价值观，在这种价值观下，主要由血缘、地缘等社会关系形成水平的社会结构，经济交往只限于相对封闭的、交易半径很小的层面上进行，因此难以形成法治化的商业体系。

第二，西方文化强调法律制度约束的重要性，通过建立完善的法律制度约束经营者行为，开展对金融机构的监管，较少依赖道德约束。在英格兰银行初创时期，英国议会就通过《英格兰银行法》，授予英格兰银行各项商业银行经营的权利。1844 年，英国国会又通过《银行特许条例》为英格兰银行货币发行权奠定了基础。英格兰银行就是在有效的法律制度和契约的框架之下，为其各项业务的开展提供了制度保障。而山西票号在其经营过程中主要依靠非正式制度的制约，完全不受法律和硬性契约的约束，未能形成有效的制度安排。

第三，西方文化一般偏好冒险，强调金融机构主动发挥创新精神，鼓励金融机构勇于接受市场的挑战。中国传统文化崇尚中庸，注重谨慎稳健的经营原则，经营过程中尽量规避经营风险，缺乏创新驱动。

第四，西方文化体现为契约精神和市场规则。西方文化和文明史中的契约文化源远流长，无论作为一种交往关系的契约，还是一种公共生活和秩序形成和建构的契约，契约文化传统在西方格外强烈。契约已作为一种商业手段和人际交往关系原则被广泛地应用于社会生活之中。契约成员群体完全由陌生人组成，在利益实现认同的基础上，任何时候都可以运用契约规则组成团体。中国历经千余年的封建社会，以血缘关系为纽带的宗法社会，实行君主专制的政治体制，在等级森严的文化环境里，像西方那样全面的契约精神无法滋长。在我国以"仁"为核心的儒家文化，讲究伦理道德，以和为贵，使得人们重视人际关系，强调共同的价值观和集体责任制，偏向于集权、人治，并且自上而下的管理职能是通过个人权威或者行政等级等官僚式的组织结构实施。

金融制度的演进大致通过两个途径实现：一是引入外部的、其他国家已有的金融制度模式或内容；二是根据自身金融体系发展的客观需要，从无到有地形成新的制度内容乃至整体的制度系统。中国近代的制度变迁主要是一种移植性的制度变迁。传统金融机构向近代银行演化是一个外国金融资本和国家民族资本共同压迫民营资本生存空间的过程。这也是当时世界两大潮流在中国金融界的映射，一是外国入侵；二是国家干预。而在外国入侵的强制性变迁中，首先通过军事入侵控制和瓦解该国的经济体系，然后是政治，最后是文化的渗透。因此，制度的演进除了经济因素外，还有特定社会中历史、文化、社会等方面的非经济因素的影响。制度需要有良好的文化与其匹配。金融业的经营同样必须植根于其所处的历史文化氛围。中国传统文化中"诚信笃实"占据重要的地位，因此山西票号之所以能够"汇通天下"，也凭借的是恪守诚信的信条，这也正是适应当时的社会文化环境。但随着外部环境的剧烈变革，西方文化不断涌入，对中国传统金融业带来了深远的影响。

鸦片战争以后，随着中国的被动开放，西方文化也逐渐传入中国，中西方文化开始融合和交流。洋务派在"中学为体，西学为用"理念的指导下，将西方较为先进的资本组织形式、企业管理制度带入了中国，在一定程度上推动了中国经济近代化的进程。但"中体西用"主张的"西用"仅仅停留在物质层面上，没有从根本上触动中国传统文化的核心——封建的纲常伦理，不能从根本上解决中西方文化之间的矛盾和冲突。因此，一方面在上海等通商口岸城市，出现了新式的工业、金融业和商业企业，出现了以江浙商人为代表的近代企业家群体。他们参加投资创办近代银行，成功实现金融和工商各业的联动和融合，既完成了自身的转变与升华，又有力地推动了中国金融的近代转型。另一方面在广大落后的内陆省份和农村，小农经济和传统手工业仍然占据主体地位。"有土斯有财"的观念使本身有限的资本积累进一步沉淀土地中，变成土地资本，未能与近代工商业资本充分融合。在近代中国这种二元制经济之下，深受传统观念的束缚和限制，山西票号商人的封建和保守思想成为他们实现近代化转型的严重阻力，使得他们对传统金融业的发展仍然心存幻想，致使一次次错失改革的良机，最终淹没在历史的尘埃之中。

以史为鉴，我们对待中西方文化应该秉承引入与传承的态度，二者是相辅相成而非相互排斥的关系。山西票号是中国银行业的雏形，在其发展的过程中已经具备相当多的企业制度特征，而现代银行制度源于西方。引入西方银行制度中好的经验，传承中华传统文化中"诚信义利"的商业价值观，取双方之优点，为我所用。历史证明，任何国家金融发展都是在遵循世界金融发展共性规律的同时又兼具自己的个性。我们在借鉴西方国家普适性规律的同时，应该"求同存异"，注重本国传统和现实的差异，摸索真正适用于我国银行发展的制度体系。

第七章　研究结论

　　国家的工业化，是近代世界经济发展与进步的主流。伴随着西方近代产业的发展对海外市场的拓展，将中国也带入了工业化的进程中。传统金融机构的近代化转型是在由传统农业社会向近代工商业社会转型这一历史大背景下进行的，而社会的转型给近代中国金融体系带来了复杂性和不确定性。在面临外部资本主义金融的影响和近代工业发展对更为全面和广泛的金融服务功能需求时，传统金融机构的滞后性及巨大的历史惯性作用对其发展产生了巨大的制约。尽管传统金融业也进行了近代化的调整和适应，经历了自主转型的实践，但最终囿于种种内外因素的双重作用，逐渐失去了传统金融的优势，由强转弱，由盛而衰，直至最后的全面没落。本书从近代产业兴起对金融需求变迁的视角，通过对以山西票号为代表的中国传统金融机构与近代银行的历史演变过程的梳理，探究传统金融机构在社会转型下的嬗变过程及近代银行制度在中国勃兴的途径，进而从制约传统金融机构向近代银行演化的政策因素和内部因素两个方面，从理论层面阐释传统金融机构近代化转型这一金融制度变迁的内在逻辑。

7.1 基本结论

第一，甲午战争后民族资本主义工商业发展中对资金的内生需求是传统金融机构向近代银行演化的重要初始条件。根据产业和金融业的相互依存关系，产业的发展从根本上推动了金融业的转型和金融市场的发育。随着产业规模的不断扩大，产业资本需求量日益增加，对以银行信用为主体的金融筹资需求就越强烈，而此时正处于发展极盛时期的山西票号固守服务于传统商业的高额利润。尽管在发展的后期山西票号也有尝试投资近代工业的实践，但囿于中国封建传统思想的禁锢，山西票号将投资对象锁定在利润低、周期长、风险大的矿冶业，这与票号一度得益于商业流通领域获得高额利润的业务优势形成强烈的对比，严重打击了山西票号向近代产业投资纵深发展的积极性，导致金融资本与产业断档，丧失了可持续发展的后劲，为日后的衰亡埋下了伏笔。

第二，政府政策向近代工业的倾斜和对金融依法监管是制约传统金融机构向近代银行演化的政策因素。清末民初，清政府制定的一系列扶持和奖励近代实业发展的政策，致使市场对以传统商业为依附的传统金融业需求日益萎缩，对传统金融业的变革和发展产生了深刻的影响。甲午中日战争后，随着近代工业生产规模的不断扩大及《马关条约》的签订，国内出现了实业兴国的高潮。清政府开始转变对待工商业的态度，被迫改弦易辙，相继进行和实施一系列奖励工商业发展的政策。首先是推进财政制度改革，建立国家银行并增设官银钱局以维持地方财政和支持地方实业发展。鸦片战争以前，清政府实行的是中央集权财政管理体制，地方没有任何独立的财政权。在这种财政体制下，中央政府可以举全国之力来应对财政危机，政府尚未有向银行、债务市场等金融体系融资的需求和动力。鸦片战争后，中国财政制度由封建传统财政向近代财政转变，在这种财政体制之下，一个重要的方面就是债务管理方面的变革，因此公债的发行和转让不仅反映了财政由传统向现代的转变，而且对于金融机构的需求也发生了质的变化。作为传统金融机构的票号因资金来源有限、经营规模较小、管理方式滞后等因素的制约，在拓宽政府融资渠道及协助政府举借公债方面能力有限，难以适应不断创新发展的金融市场竞争的需要。其次是外资在华银行的植入和中国近代银行的设立，外国金融资本和国家金融资本共同挤压票号业的生存空间。鸦片战争后，在中外贸易发展对国际汇兑的金融服务需求不断推动下，外资在华银行植入中国并持续发展，一度控制中国金融市场。甲午战争后，在外资在华银行巨额利润的刺激下，清政府批准设立了中国第一家银行——中国通商银行。在近代产业兴起，市场交易规模扩大、交易方式改变及交易速度增加的背景下，中国近代银行迎合市场需求（政府对资金的需求可视作一种特殊的市场需求），逐渐发挥较为全面和广泛的金融服务功能。伴随着外资在华金融势力的扩张及近代银行的纷纷设立，对中国近代金融的发展产生了深远的影响，新式银行在中国的许多重要通商口岸广设分支机构，形成了庞大的金融网络，对传统金融机构带来了巨大的冲击。最后是近代政府依法监管银行，增加了传统金融业的运行和监督成本。中国传统金融机构存在的相当长时间内，政府对金融业的管理和其他工商企业一样，只是停留在纳税层面。对于金融机构准入、资本规模、经营管理、退出等，政府没有制定过任何监督性的法律、法规，金融业可以自由选择经营方式和经营范围。随着银行数量的增多，许多地方银行未经国家审批而开设，并滥发纸币。由银行券分散发行带来的混乱、银行脆弱性和银行危机对经济带来的破坏等问题日益凸显，迫使清政府对银行管理的问题提到议事日程。1908 年，清政府开始依法监管银行业，陆续颁布了《银行通行则例》《普通银行则例》《储蓄银行则例》《殖业银行条例》《大清银行则例》等银行法规，从根本上触动了山西票号的利益。在当时法治观念淡薄的中国，政府依法监管银行业的阻力是极大的，作为传统金融业的山西票号，在其发展的相当长时间内，主要是通过号规自律、行规约束和隐形契约来发展和维持的。一旦被置于政府约束与监管之下，票号陷于自身矛盾和相互冲突的混乱之中，无所适从。尽管法治在建立和完善的过程中遭遇了重重阻力，但由于金融的流动性、盈利性、安全性等特征，决定了金融立法的重要地位，这是大势所趋。山西票号未能顺势而为，必然注定了会被历史所淘汰。

　　第三，山西票号的兴衰发展过程，充分显示了票号从垄断金融地位向与银行竞争过程中不能与经济发展保持动态协调的内在脆弱性。从初期发轫于满足长途贩运贸易对资本融通的需求，到由于战争催化的因素结缘于政府而带来发展的极盛，显示了山西票号初期顺应历史发展趋势的诱致性特质。但随着货币制度的改革、技术进步、交通运输条件和信息传输速度的不断改善，对其传统业务产生了巨大的影响和冲击，其业务优势荡然无存，致使后期盈利能力大为减弱。此外，山西票号内在的制度性缺陷也是导致其衰败的重要原因：发展后期产权界定的不清晰，不能给经营管理人员提供足够的激励和约束，导致机会主义行为的产生；商业经济活动中，交易费用日益增加；获利集团为了维护既得利益，将制度锁定在无效状态，从而形成了恶性的"路径依赖"；在传统文化的桎梏下，缺乏创新驱动，固守无限责任旧制；资本来源以创办者的血缘关系为纽带展开，很少征集社会关系之外的社会资本，因此决定了股本数额规模相对狭小等，这些天然的内在脆弱性导致了山西票号最终的衰亡。

第四，在山西票号的近代化转型过程中，近代社会的二元制经济结构使得传统商人对票号等传统金融机构的发展仍然心存幻想，致使一次次错失改革的良机。山西票号商人在传统文化的浸润下，其行为方式、思维理念、价值取向都从不同角度体现了传统文化的历史沉积。他们在吸收和继承儒家积极商业伦理精神的同时，在经营的过程中形成了一套指导自身行为的经济伦理思想，作为非正式制度的重要组成部分对其兴衰产生了深远影响。水能载舟亦能覆舟，是对事物两面性的深刻揭示，中国传统儒家思想对山西票号的经营活动发挥了道德约束的积极作用，很大程度上促进了其兴盛。鸦片战争以后，随着中国的被动开放，西方文化也逐渐传入中国，中西方文化开始交流和融合。一方面在上海等通商口岸城市，出现了新式的工业、商业和金融业；另一方面在广大落后的内陆省份和农村，小农经济和传统手工业仍然占据主体地位。在近代中国这种二元制经济之下，深受传统观念的束缚和限制，山西票号商人的封建和保守思想成为他们近代化转型的严重阻力，致使一次次错失改革的良机，最终淹没在历史的尘埃之中。

7.2　现实启示

在当今互联网金融迅猛发展的时代，银行业面对的冲击，恰与百年前票号面临的境况十分相似。第四次工业革命对银行业的深度挑战不亚于第二次工业革命对票号的影响，它们同样面对的是市场的变化、技术的革新和全球化进程的加速。票号一度得益于与政府建立的"亲密关系"带来了巨额的利润，并赢得了空前的辉煌，致使票号经营者满足现状、故步自封，多次失去改革的良机，纷纷陨落。鉴古可以喻今，当代银行业要吸取山西票号失败的深刻历史教训，审时度势，顺势而为，着力进行银行制度的改革和创新。

7.2.1　树立主动创新思维，避免陷入"创新者窘境"

在金融全球化的时代背景下，银行业各项传统业务受到了各种因素的严峻挑战，面临着"互联网金融"的巨大影响和冲击。在中国已是全球最大的互联网金融市场的背景下，政府工作报告中再次用"互联网金融异军突起"来描述。互联网金融之所以如此迅速地颠覆了人们的传统认知，其主要的竞争优势表现在其交易突破了时空的限制，通过利用移动支付、云计算、大数据和虚拟交易平台等技术，降低了交易的成本，扩大了覆盖范围，提升了金融资源的配置效率。面对这样的冲击，银行业应该转变理念，主动创新，积极融入互联网金融发展的进程中。水能载舟亦能覆舟，是对事物两面性的深刻揭示，这对于互联网金融发展也同样适用。互联网金融业存在着固有的弊端，其一由于其得益于宽松的监管政策，其经营具有潜在的高风险性；其二由于互联网金融的准入门槛低，扩张具有盲目性，产品的同质化严重。银行业和互联网金融之间是相辅相成的，互联网只是技术上优化金融的一种手段，对金融的本质并没有影响。银行业经营过程中应回归其服务业的本质，在交易过程中跳过所有中间人而直接在供需双方之间进行，充分发挥互联网提高金融服务效率的技术补充作用，二者协同发展，使金融资源得到良性运转。

7.2.2 加强政府对金融业的监管，助力宏观经济的稳健运行

金融业具有天然的脆弱性和外部性，金融业的稳定对于宏观经济的发展至关重要，因此这就需要政府的有效干预，着力构建自上而下的宏观审慎金融监管体系。杜恂诚在其《近代中国金融业发展模式与社会转型》一文中认为："近代中国金融的两大主题：移植与政府作用。"[1] 他认为近代中国经济存在政治性周期现象，并且这种政治性周期与政府的强弱密切相关。从传统金融机构近代化转型过程中，我们可以看到这一进程是市场和政府的共同推动的结果。在经济发展落后、外部干扰剧烈的条件下，更多体现的是政府的推动作用。在党的十九大报告中也明确指出"要守住不发生系统性金融风险的底线"。随着我国金融结构由间接融资向直接融资的根本性转变，我国的金融监管架构也要随之发生根本性的变化，由原来仅仅监管机构转变为加强对金融市场产品和对信息披露的监管。2008 年全球金融危机爆发之后，很多国家认识到在全球经济发展深度合作的当今社会，各国金融业都面临着极大的压力和挑战。

---

[1] 杜恂诚. 近代中国金融业发展模式与社会转型 [J]. 中国经济史研究，2015（3）：15.

史实表明，开放经济下的中国经济发展不可避免地遭受外来金融风险的冲击。政府必须从我国的实际国情出发，根据本国经济发展和金融发育情况，借鉴西方国家的监管经验，着力完善我国金融监管工具，建立健全金融监管法规，加强金融业市场退出监管等，建立一套行之有效的金融监管体系，从而助力宏观经济的稳健运行。

7.2.3　加强金融业与产业之间的深度融合，提升金融服务实体经济的能力

金融是现代经济的核心，作为现代经济和产业发展的第一推动力，其本质和天职是服务于实体经济，脱离了实体经济，金融将是无源之水，无本之木，变成泡沫的金融。金融从融资、支付、财富管理和并购四个方面对现代产业结构的调整和转型升级发挥着重要的促进和支撑的作用。未来中国要通过精细化的金融创新，发展科技金融、文化金融、物流金融 ❶ 和跨境金融等产业金融的新形式，实现我国金融业与产业的深度融合，双赢共进。

7.2.4　着力推动中国银行业制度改革，助力银行业制度创新

其一是推进中国商业银行产权制度改革。中国银行业一直以来缺乏一套市场化、商业化的产权制度。商业银行存在产权模糊、一股独大、公司治理

---

❶　颜冬梅，燕红忠 . 推进我国物流业发展的路径 [N]. 光明日报（理论实践版），2012-8-26（7）.

混乱、内部人控制等问题。随着我国商业银行股份制改革的推进，逐渐向产权清晰、权责明确的现代企业制度过渡，但仍然面临着股权集中度高、产权主体缺位等问题。因此，要继续推进商业银行产权制度改革，使其产权进一步明晰，从而提高商业银行的经营绩效。

（1）推进产权多元化，降低股权的集中度。股权的高度集中会导致银行面临较大的决策风险和内部人控制的问题。国有商业银行"一股独大"的股权结构侵蚀了中小股东的利益。实践证明，"多股制衡"更有利于公司治理结构的改善，是股权结构一种更好的选择。因此，商业银行应引入战略投资者，加大机构投资者比例，形成多元化的投资主体，进一步稀释国有银行股权，改善银行治理结构，增强银行抵御风险的能力，从而形成良好的运作机制。

（2）鼓励更多的商业银行上市。商业银行上市有利于银行自身的改革和发展，可以促使其产权的多元化，使股东受到更强的约束和激励，使商业银行的信息披露更加透明，管理者也接受更加广泛和严格的监管。

其二是优化中国商业银行治理结构。目前，我国商业银行的公司治理结构仍存在许多问题，如职责界定不清晰，董事会介入经营，监事会形同虚设，信息披露不全面、不真实等。因此，商业银行要建立起经理层、董事会、股东会三者之间有效制衡的公司治理机制。

（1）形成董事会决策、监事会监督、管理层执行的"三权分立、相互制衡"的公司治理机制。董事会主要发挥决策功能，负责制定灵活审慎的银行发展战略；监事会主要负责行使对高层管理者履职的监督职能；高级管理层负责日常的经营管理，三权分立，相互制衡。

（2）由"行政型治理"向"经济型治理"转型。由于我国处于市场化改革的进程中，同时具有转轨经济的特征，商业银行长期执行行政型治理模式，在这种治理模式下，会带来诸多的治理风险。如经营目标的行政化、资源配置的行政化、人事任免的行政化等会导致金融资源配置偏离最优状态，从而影响银行经营绩效。

（3）降低行业壁垒，促进银行业竞争。党的十八届三中全会首次鼓励民间资本建立中小银行和其他金融机构。因此，通过对国内民间资本的正确引导，可以有效地改善金融资本配置效率。市场的竞争将鼓励银行加速产品的创新，不断提升自身的服务意识，有利于打破中国银行业的传统盈利模式，有效促进中间业务的开展，进而带动商业银行的整体转型。

其三是优化中国商业银行内部激励约束机制。借鉴发达国家经验，建立以风险为核心的绩效考核机制和以激励为基础的薪酬制度。不仅重视对出资者和经营者的激励，更要充分重视对技术创新者的激励。广泛应用股票期权等形式的长期激励措施，使职员的长远利益与银行的发展目标趋同。同时，建立银行内部的自我监督和评价体系，确保能及时查找内部控制中的漏洞并及时补漏。商业银行应增设全部由独立董事构成的审计委员会，建立内部审计部门直接向审计委员会报告的制度，增强独立董事的独立性。商业银行要建立和完善透明的信息披露机制，通过信息披露，增加报表内容，揭示银行当期面临的变化及风险，并详细披露具体的风险管理策略和管理绩效，增加各部门职能分工，确保银行管理的目标、策略、原则，董事会组成和监事会等非财务信息的披露。建立健全信息披露的内外部审计制度。明确信息披露的日常责任制度和责任追究制度。首席执行官和其他高级管理人员负责信息披露制度保持有效性，法定代表人全面负责，提供信息机构和信息提供者个人负有直接责任。

其四是优化中国商业银行外部约束制度。

（1）加强国家宏观调控部门的监督机制，理顺外部监督部门的关系。将公司治理结构因素引入中央银行的监管。目前中央银行对商业银行的监管主要是通过资本充足率、资产质量、收益率、流动性等指标来实现。随着公司治理结构重要性的不断显现，应该将该因素量化为一个评价指标引入体系中。

（2）发挥金融监管优势，营造良好的金融生态环境。加强金融法治建设，建立健全法律法规，加强法律制度对银行的被动式治理。

（3）加强行业自律监督，强化银行业协会的自律监督。银行业协会的职能应主要体现在制定行业行规，加强银行业自律；协调会员与政府的关系；维护金融市场秩序；维护行业利益，积极表达诉求；通过监督、协商、游说、谈判等程序化、理性化的活动，在政府和银行、银行和普通民众之间充当桥梁和纽带，对因利益博弈引起的冲突起缓冲、减压的作用。